Uranohoshi Girls' High School, a private school in the seaside neighborhood of Uchiura at Numazu city, Shizuoka prefect
A small high school in a corner of Suruga Bay, it is home to nine teens, led by sec

As long as we don't give up, any dream can come t

PRELUDE

TVアニメ1期から2期へと続くキセキの軌跡！

# Aqoursだけの"輝き"を探して。

## 届かなかった夢から始まる挑戦の物語——

美しい歌声と楽しいダンス——。μ'sの輝きに心奪われた高海千歌が、
生まれ育った内浦にある母校・浦の星女学院にスクールアイドル部を作り、
Aqoursとして活動を始めたのは高校2年生の春のこと。
入学する生徒が減って統廃合の危機にある母校を救うため、
猛レッスンを重ねて「ラブライブ！」に出場するも地方予選で敗退——。
ＴＶアニメ２期の物語は、その後の２学期から幕を開けます。Aqoursが体験した、
とても楽しくて、とても大変だった日々。その先に９人が見つけたものを探しにいこう!!

# THE SECOND SEASON
ラブライブ！サンシャイン!!
TVアニメオフィシャルBOOK2
## CONTENTS

**4** PRELUDE
Aqoursだけの"輝き"を探して。

**8** CONTENTS
目次

**9** STORIES&SCENES
輝いた季節の中で。
2年生●高海千歌／桜内梨子／渡辺 曜
【場面紹介】伊波杏樹／逢田梨香子／斉藤朱夏
1年生●津島善子／国木田花丸／黒澤ルビィ
【場面紹介】小林愛香／高槻かなこ／降幡 愛
3年生●松浦果南／黒澤ダイヤ／小原鞠莉
【場面紹介】諏訪ななか／小宮有紗／鈴木愛奈

制作ノート
酒井和男／室田雄平

**58** SUNSHINE MEMORIES Vol.1
2nd LIVE TOUR

**59** THEME SONGS & ALL INSERT SONGS
SONG FOR YOU!!
歌の力を信じて
Aqoursキャスト／Saint Snowキャスト／酒井和男／室田雄平／畑 亜貴／加藤達也

主題歌＆挿入歌紹介●全12曲
未来の僕らは知ってるよ／勇気はどこに?君の胸に！／MY舞☆TONIGHT
君のこころは輝いてるかい?／CRASH MIND／MIRACLE WAVE／DROPOUT!?
空も心も晴れるから／Awaken the power／WATER BLUE NEW WORLD
青空Jumping Heart／WONDERFUL STORIES
酒井和男／畑 亜貴
特別企画●Aqoursキャスト

**76** SUNSHINE MEMORIES Vol.2
LIVE & FAN MEETING

**77** CREATORS INTERVIEW
希望は手探りの未来の中に。
酒井和男／室田雄平／加藤達也／畑 亜貴

**88** SUNSHINE MEMORIES Vol.3
HAKODATE UNIT CARNIVAL

**89** CAST INTERVIEW
つかんだ"夢"のありか。
**Aqours**
高海千歌役●伊波杏樹　津島善子役●小林愛香
桜内梨子役●逢田梨香子　国木田花丸役●高槻かなこ
松浦果南役●諏訪ななか　小原鞠莉役●鈴木愛奈
黒澤ダイヤ役●小宮有紗　黒澤ルビィ役●降幡 愛
渡辺 曜役●斉藤朱夏

**Saint Snow**
鹿角聖良役●田野アサミ　鹿角理亞役●佐藤日向

**110** SUNSHINE MEMORIES Vol.4
Aqoursと沼津の絆

**111** COSTUMES
Aqours&Saint Snow 秘密のクローゼット
アニメーターの衣装デザイン解説
室田雄平／藤井智之／河毛雅妃／鈴木理彩

**126** SUPPLEMENT
TVアニメ2期全13話●物語&メインスタッフ紹介

**130** 奥付

STORIES & SCENES

# 輝いた季節の中で。

2年生 ● 高海千歌　桜内梨子　渡辺 曜

1年生 ● 津島善子　国木田花丸　黒澤ルビィ

3年生 ● 松浦果南　黒澤ダイヤ　小原鞠莉

場面紹介 ● Aqoursキャスト

制作ノート ● 酒井和男【監督】室田雄平【キャラクターデザイン】

3年生といっしょに出場する最後の「ラブライブ！」、
浦の星女学院の統廃合、函館でのスペシャルなライブ……など、
胸にグッとくるドラマがたくさん生まれたTVアニメ2期。
そこで選りすぐりのエピソードと合わせて、
Aqoursのキャストが選んだメンバーの名場面も大紹介♪
さらに印象的に描かれていた同級生同士の交流にも注目します。
酒井監督と室田雄平氏の想いをつづった
制作ノートをいっしょに読めば、もっと深く物語が楽しめるはず♪

# 2年生

Uranohoshi Girls' High School second-year students

Chika Takami

輝きを探して、
高海千歌は動き出しました。
みんなを笑顔にできる、
スクールアイドルになりたいと。
渡辺曜は大切な人といっしょに
なにかをしたいと思っていました。
いつかそんな気持ちを本人へ、
素直に言えたらと願っていました。
桜内梨子は運命的な出会いのおかげで、
諦めかけていたピアノの夢と
ようやく向き合えました。
今を変えたい、あがきたい！
熱い気持ちは3人とも同じ。
TVアニメ1期でスクール
アイドルグループ・Aqoursを結成し、
夢に向かって駆けだした3人。
2期での体験は、2年生の関係をどう変えたのか、
その軌跡をたどっていきましょう。

CHIKA TAKAMI

## 優勝して一生消えない想い出を

あの「ラブライブ！」で優勝して、浦の星女学院とAqoursの名を永遠に残してほしい。全校生徒の声援を受け、千歌は決勝大会でぶっちぎりで優勝すると約束します。実に頼もしくなりました♪

本当の怪獣になっちゃう!?

## 千歌たちが探し続けた輝き

第13話では統廃合も「ラブライブ！」も関係なく、大好きなメンバーと純粋に歌とダンスを楽しむシーンが。卒業式も終わり、離れ離れになる前の夢のような時間。この友情こそ永遠の輝きです。

## 今できるすべてをぶつけて──

地区大会突破を目指し、高難度の技に挑戦した第6話も千歌の一途さが光る!! 今のAqoursをブレイクスルーするために、過去に3年生が考えたダンスのフォーメーションを実現させる──。千歌を起点として1つに重なる過去と今、そこから生まれる未来への可能性にワクワクです！

◀果南から告げられた期限は翌日の朝まで。千歌は夜中の間、ひたすら練習に挑んだ！

## 「ラブライブ！」に全力で勝ちたい！

決勝前に、メンバー1人1人に勝ちたいかと尋ねる千歌が印象的に描かれた第12話。彼女自身の答えはもちろん、「私も全力で勝ちたい‼」。そして、勝って輝きを見つけたい、と──。その迷いのない笑顔は、本番を控えてひそかに波立つ曜や梨子の心にも、きっと安心感と勇気をくれたはず。

"0"を"1"にして今がある！

▶空に舞う"投票数0"の紙。今へとつながる最初の"0"に、千歌は感謝と別れの言葉を捧げます。

**Profile**　■所属：浦の星女学院2年生　■誕生日：8月1日　■血液型：B型　■身長：157cm
■趣味：ソフトボール、カラオケ　■特技：鉄棒・卓球・習字　■好きな食べ物：みかん！
■嫌いな食べ物：コーヒー、しおから

## ♪ Chika Takami ♪

太陽みたいに輝け
みかんガール☆

CHIKA'S ALBUM

千歌は大好きなみかんをイメージさせるものを身に着けることが多いみたい。しかも、温泉旅館の娘らしい手際のよさで（？）、いろんな仕事をする姿もサマになってます。ヘリの操縦やモデルの撮影だって、持ち前のバイタリティーで本当にできちゃいそう！？

| 1 | 2 | 3 |
|---|---|---|
| 4 |   | 6 |
| 5 |   |   |

UP

DOWN

|   | 7 | 8 |    |
|---|---|---|----|
|   | 9 | 10| 11 |

**1** 千歌曰く、深夜2時までかかった力作。特長をとらえていて、意外と絵の才能がある！？

**2** 会場の移動にヘリを使えばいい！ ティアドロップ型のサングラスが似合いすぎて♡

**3** 沼津でのバイト先は、写真スタジオでモデル……のはずが、時代を越えたカメラマンに？

**4** フリーマーケットに千歌は、みかんの着ぐるみ姿で参加。みかん怪獣ちかちー、爆誕！？

**5** 函館でも防寒対策はバッチリ。目出し帽も愛らしくかぶるのがスクールアイドルの心意気。

**6** 売店コーナーできつねうどんを販売♪ まるい瞳がエプロンの顔とちょっと似てるかも。

**7** 振袖姿で書初め♪ 優雅なお正月っぽいけど、書いた文字は〝お年玉〟……欲しいよね。

**8** 閉校祭でのクラスの出し物は、大正ロマンあふれる喫茶店。女給さんの衣装、お似合い♡

**9** 千歌が着けていたイヤーマフもみかん！！ 寒さに負けず、GO♪ ビタミンCパワー☆

**10** 高海三姉妹の美肌の秘訣！？ しいたけが暴れたおわびにと美渡が作った特製みかん鍋。

**11** いきなり母親になった愛犬のしいたけ（女の子だった！）に、さすがの千歌もびっくり。

CHIKA TAKAMI

伊波杏樹さんが選ぶ
千歌が輝いた"あの時"
CAST'S ① CHOICE
「3つ以上あるから選べない」と困っていた伊波さん。かなり悩み抜いた末に、選んだシーンがこちらです♡

## CHOICE 1 千歌らしさがたっぷり詰まった第1話が大好き♪

第1話冒頭の「輝きっていったいどこから来るんだろう?」っていうモノローグがすごく印象に残っています。そこに1期と2期の始まりの違いをはっきりと示してもらった感じがするんです。Aqoursの物語が始まる瞬間が強く感じられるから、大好きですね。あとは統廃合が決まり、夕焼けの砂浜で千歌と梨子ちゃんが話すシーン。1期の第1話と比べて2人の立場が逆転しているところ……たとえば、ポツンと座る千歌に梨子ちゃんが励ますように声をかけたり、梨子ちゃんが普通怪獣・りこっぴーになるところは、2人の関係が深まっていることを感じて、応援してくださってるみなさんもきっとうれしかったと思います。そして最後には統廃合を阻止するために、「あがこう!」と答えを出して。私はこのセリフが本当に好きです。

◀奇跡を「起こしてみせる」と言いきった千歌のセリフも、伊波さんのお気に入り♪

▼挿入歌が流れる中、白い羽根が飛ぶ先々でメンバーそれぞれの姿が描かれていきました。

## CHOICE 2 目で語る描写にみんなからの愛を強く感じました

第6話で大技に何度も失敗した千歌が、泣かなかったのがえらいなと思いました。1期ならこの子は絶対泣いて、もしかしたら諦めかけたかもしれません。困難に立ち向かう強さを発揮できたのは、きっと他の8人がいたおかげですね。
練習を近くで見守っていた曜ちゃんや梨子ちゃんだけじゃなく、1年生や3年生も同じように見守ってくれていたことを私が実感したシーンがあるんです。それは「MIRACLE WAVE」のライブ中に、千歌が3年生を見てから1年生を見るところ。ルビィちゃんたちと目で会話するように視線が合ったり、ウインクしてくれたりするんですよ。それを観た時、描かれていないところでもみんなが千歌を深く見守って、愛情を注いでくれてたんだなって……。そんなほんの一瞬の演出がたまらなく好きですね。
Aqoursのメンバーも、あの描写を入れてくれた制作スタッフも、本当に愛が深い! 私はいつも目の描写に注目してアニメを観るんですけど、今思い出しても1年生が笑顔で千歌を見守ってくれてるのがわかった時の喜びは尋常じゃなかったです。

全員バージョンの「空も心も晴れるから」に思わず涙が……

挿入歌に「空も心も晴れるから」が流れた第7話はムチャクチャ泣きました。言葉はなくてもみんなの空気感だったり、表情だったりがすべてを物語っていますよね。もともとは1期のBlu-ray第2巻の特典曲として、2年生トリオの楽曲として作られた歌なんですが、その歌詞が酒井(和男)監督の心を射抜いたらしく、2期のTVアニメ本編に9人で歌ったバージョンが流れる……。その曲の中で千歌たち全員の表情が新たに生まれていく。「みんなで作っている物語なんだ!」というつながりを深く感じますね。
そして最後に全校生徒の前で「ぶっちぎりで優勝する」って宣言する千歌も格好よくて感謝すら覚えました。「相手なんて関係ない!」ってちょっと強い言葉に聞こえますけど、千歌はそんな気持ちで言ったわけじゃないんです。他校の人たちのパフォーマンスも大好きで、そこ素直にいろんなことを学んでいる。だけど"揺るがない気持ちで挑む、Aqoursを観てほしい"っていう決意──。浦の星女学院に対する想いが詰まっているセリフなんですよね。学校のみんなも賛同してくれていて、いい関係だと思いました。

CHOICE 3

RIKO SAKURAUCHI

心境に変化!? 苦手だった犬を……

善 子が犬を拾った第5話をきっかけに、犬に対して愛着を持ち始めた梨子。あんなに避けていたしいたけにも、心が開けたのは、1期の第6話のような"気づき"があったから。自分が変われば世界が変わるね♪

スクールアイドルをやりたい！

3人の出会いも奇跡そのもの！

一 度はピアノから遠のいたけど、千歌たちと出会って救われた。そうして進んだ道は梨子にとって未来へ続く"輝き"だったのかも。3人の友情が胸を打つ第12話のシーンです。

梨子が感じた見えない力の正体

善 子の運命に対する想いを知った梨子は、見えない力は誰にでもあると自分なりの考えを出します。人と人の気持ちが力になって引き寄せ合う。だからすべての出会いには意味がある――。梨子らしいステキな答えです♡

◀千歌が果南から聞いた偶然の重なり。それだって、不思議な力が動いた結果だよね！

この世界に偶然なんてないのかも

今では浦の星が大好きな元・転校生に♪

東 京に住んでいた梨子が浦の星女学院に通った期間は短いけれど、浦の星女学院を愛する気持ちは、千歌たちにだって負けてません♡ 学校のよいところを叫ぶ千歌や曜たちに続いて、「私が保証するー！」と力強くアピールする姿は、もうすっかり内浦っ子！

▶愛があるからつらい統廃合の決定。梨子は1人、灯りも点けずにピアノを弾いていました。

Profile
所属：浦の星女学院2年生　誕生日：9月19日　血液型：A型　身長：160cm
趣味：絵画、手芸、料理　特技：楽器(ピアノ、ビオラ)
好きな食べ物：ゆでたまご、サンドイッチ　嫌いな食べ物：ピーマン

♪ Riko Sakurauchi ♪

## 内浦に咲く麗しの花♡ その名もリリー!?

**RIKO'S ALBUM**

転入したばかりのころより、打ち解けた表情を見せるようになった梨子。時おり、善子みたいな"中二"的言動をするところを見ると、意外とノリがよくて、かわいい一面があるみたい！また、2期では大正ロマンに目覚めたらしいシーンも。乙女全開です♡

1 千歌が歌詞ノートをめくり終えたその先には、落書きそっくりの怒り顔をした梨子が！

2 これが梨子に飼われている世界一幸せな犬・プレリュード♪ まんまるの目がかわいい。

3 梨子が校庭に描いた犬の絵。ノクターン（あんこ）もこんなに想われてうらやましい！

4 千歌の妄想の中で梨子だけは1人、水色の風（？）となって空を飛んでいました。

5 普通怪獣・梨子ちゃんビームを発射。ふさぎ込んでいた千歌も笑顔になる威力♡

6 閉校祭で着た、千歌とは別デザインの女給服♪ 梨子が前から憧れていた衣装なんです。

7 すっかり堕天（!?）した梨子はもう、善子と契約で結ばれしリトルデーモンリリー♡

8 善子の携帯に梨子の名前は、"リトルデーモンリリー"として登録されているもよう。

9 女給衣装の参考資料。梨子がいうには、この雑誌は自宅に"偶然"あったのだとか。

10 余計なことをいう堕天使に、サイレント・チェリーブロッサム・ナイトメアが炸裂！

11 しいたけの頭をなでるチャレンジ！緊張のあまり、すごい顔になってるのがキュート。

★ RIKO SAKURAUCHI

逢田梨香子さんが選ぶ
梨子が輝いた"あの時"
CAST'S ❷ CHOICE

第12話のセリフは、自分が納得できるまで何度もアフレコしたという逢田さん。梨子が得た絆や出会いを語っていただきました！

## CHOICE 1 言葉にしなかったけど必ず伝えたかった"ありがとう"の気持ち

私が一番に選ぶのは、第12話の「ラブライブ！」決勝の前に、アキバで梨子ちゃんが今の気持ちを伝えるシーンです。その時の「スクールアイドルをやりたい！」というセリフに、原点に返った感じがしました。最初はスクールアイドル活動をあんなに嫌がっていた梨子ちゃんなのに、自分の意志で心からやりたいって言ってくれたんですよ？ 千歌ちゃんも曜ちゃんもそれを聞いてうれしかったでしょうね。改めて2年生の絆を見せられたシーンだったなと思いました。

あの時——。直接ではないけれど、梨子ちゃんは2人に対して「ありがとう」と伝えた気がします。私自身も、大切な梨子ちゃんに対しての感謝と、「梨子ちゃんが次のステップに進むために、ここでしっかり彼女が抱いている感情を表に出して演じないと」という気持ちを込めてアフレコに臨みました。

◀しばらく抱きしめ合って、そのあと手をつなぐ梨子たちの動きから3人の喜びが伝わります。

▼隣の家から聞こえる犬の鳴き声、そしてすっかり変貌した梨子の様子に、千歌も逢田さんと同じように驚いていました♪

## CHOICE ❷ ノクターンを見てルンルンしてる姿がかわいい♪

第5話は善子ちゃんと犬をめぐる冒険をする回。犬がすごく苦手だったはずの梨子ちゃんがノクターンに愛着が湧いてしまって。おやつやおもちゃを与えて、ルンルンしてる梨子ちゃんがすごくかわいかったです。ふだんがおとなしい分、はしゃいでいるところを演じられて私も楽しかったです。いろんな表情を見せてくれる梨子ちゃんの魅力がすごく詰まった回でした。

このあとから、善子ちゃんと以前に増して仲よくしているシーンが増えましたよね。堕天使を自称する善子ちゃんの影響で、梨子ちゃんの新しい扉がまた1つ開いた気がします（笑）。

▼ビスケットをもらって喜ぶノクターンに、優しい笑みを浮かべる梨子。

## CHOICE ❸ ついには愛犬を飼うようになって本当にびっくり！

第5話と同じで犬のお話になるんですけど、第13話で愛犬・プレリュードをお披露目した梨子ちゃんに本当にびっくりしました‼ Aqoursが「ラブライブ！」の全国大会で優勝したことに驚いて、その次くらいに衝撃的でしたね（笑）。プレリュードとのことも、千歌ちゃんとの出会いも、まさに梨子ちゃんが言っていた"運命の出会い"ですよね。

実は私も"一期一会"という言葉が好きで、1つ1つの出会いに意味があると……ずっと大切に思っています。だから第5話でのセリフは「わかる！ 意味のない出会いなんてないよね」って、私自身も実感しながら演じていたんです。今思うと、オーディションの資料で梨子ちゃんのイラストを見た時から「この子を演じたい」とひと筋だったので、その出会いにもやっぱり縁があったのだと信じてます。

✦ YOU WATANABE

千歌と同じ"景色"が見たくて

閉 校祭の前夜、曜は千歌に彼女への憧れを語ります。千歌が見ているものを自分も見ていたい――。そんなずっと前から抱えていた気持ちを、初めて千歌に直接伝えることができました♪

梨子にずっと伝えたかった想い

鞠莉直伝!? 本音を告白して絆も深まる♡

本 音をなかなか言えず、1期の第11話では悩んでいた曜。だけど閉校式の日、曜は梨子に対して「大好き」とはっきり告げました! 気持ちを伝える大切さを知っている彼女らしい愛情表現に♡

幼なじみの以心伝心でフォロー!!

A qoursが9人集まってここまでやってこれたのは千歌がいたから。第6話では、ずっと曜や梨子の言葉が自信をなくしかけた千歌に力を与え、Aqoursに新たな"WAVE"を生み出すきっかけに♡

◀千歌の体が心配でも練習を止められない曜と梨子。見守るのも友情です。

この場所から特別な夢が始まった

千 歌がμ'sを知ったアキバの駅前。その出会いのおかげで曜は、千歌と同じ夢を見るという願いを叶えられました。だからここは、千歌と曜の始まりの場所! いつも笑顔の曜が見せる泣きそうな表情に言葉以上の想いを感じて。

あの時から変わらない友情を胸に抱いて……

▶決勝大会を前にして、すべてが始まった場所を見ておきたい気持ちは2人とも同じ!

Profile ■所属:浦の星女学院2年生 ■誕生日:4月17日 ■血液型:AB型 ■身長:157cm
■趣味:筋トレ ■特技:高飛び込み、体感天気予報 ■好きな食べ物:ハンバーグ、みかん
■嫌いな食べ物:刺身、パサパサした食べ物

## 青春の航海はいつも全速前進！

**YOU'S ALBUM**

仲間と過ごす青春の日々を持ち前の明るさでハッピーカラーに染めている曜。歌う時も、バイト中も、大好きな制服を目にした時も、思いっきり楽しんでます♪ そんな曜がぐったりする時……それは寒い時!! たまに見せる意外な弱点もまた魅力的！

| 1 | 2 | 3 |
|---|---|---|
| 4 |   | 5 |
|   |   | 6 |

▲ UP

▼ DOWN

| 7 |   |   |
|---|---|---|
| 8 |   | 9 |
| 10 | 11 | 12 |

1 スカートのまま逆上がりをする千歌。手で視界を隠しているようで見ちゃう……？

2 ライブ前で不安なルビィに、「問題ないずら」と花丸の言葉ではげます優しい先輩♪

3 ダイヤから"ちゃん"づけで呼ばれた曜は大困惑！ でも、内心はすごくうれしい？

4 船のドレスコードは水着!? 曜のパパはフェリーの船長で、豪華客船じゃ……。

5 仲睦まじく写真に撮られる曜とダイヤ。ダイヤの妄想の中でもかわいい曜です♡

6 昔から千歌のやる気を刺激していた曜の言葉、「や・め・る？」を今は梨子と2人で♪

7 内浦に大雪が降るはずないから夢だと……。笑顔で眠ってはブーブーですよ〜（汗）。

8 機内で曜は、乗務員さんに目を輝かせて敬礼！ 制服が好きな彼女らしいシーンです。

9 卒業・閉校式の日、校舎への寄せ書きに曜が描いたのはやっぱり、大好きな制服!!

10 正月の晴れ着から練習着に着替えて、寒そうな9人。曜なんて座り込んじゃいました。

11 閉校祭までずっとちっちーの姿で♡ と思いきや、中身はすでに空っぽ。素早い。

12 千歌の弱気を察した曜は、場を盛り上げようと枕投げを開始！ この気くばりが♡

斉藤朱夏さんが選ぶ
曜が輝いた"あの時"
CAST'S ❸ CHOICE

2期で曜の千歌を想う姿がより見えて喜ぶ斉藤さん。成長していく曜のことをとってもうれしそうに話していました♪

## CHOICE 1 千歌ちゃんとは幼なじみならではの絆があると実感！

まずは第6話で大技を練習している千歌ちゃんを見守っていた時の曜ちゃんですね。運動能力的には水泳部のエースである曜ちゃんのほうが高いはず……。でも、「やる」と決めた千歌ちゃんに対して「私が代わる！」とは言わずに、見守るポジションについたのは千歌ちゃんを信じていたからだと思います。きっと「止めたい」「ケガさせたくない」とか、いろんな心配が胸の内にはあったと思うんです。でも、心の底から信じて、見守り続けられたんですよね。まさに、幼なじみならではの目線で応援しているなぁと印象的でした。
それから夜の砂浜で特訓することを梨子ちゃんにナイショにしてほしいと千歌ちゃんに頼まれたエピソードにも友情を感じました。頼まれたからには、ちゃんと誠実に実行するのが曜ちゃんらしいです。

◀がんばる千歌を見守る曜。運動が得意な自分がやるとはひと言も言いませんでした。

### 千歌ちゃんに憧れたスタート地点はアキバなのかも……

3つ目は、第12話の「ラブライブ！」の決勝前に千歌ちゃんと曜ちゃんがアキバを駆け抜けるシーンですね。第11話で彼女の千歌ちゃんへの想いがはっきりとわかって、ここでもそう……。きっともう1回、千歌ちゃんと同じ景色を見てから、決勝に挑みたいという気持ちがあったと思うんです。そんな曜ちゃんの千歌ちゃんへの気持ちが伝わってきて、私自身も胸が熱くなりました。
私の中では、曜ちゃんが千歌ちゃんに憧れたスタート地点はどこだろうって考えたら、きっとアキバのあの場所なんじゃないかって。Aqoursに入ってなかったら、千歌ちゃんの本当の情熱を肌で感じられなかったかもしれないですよね。あのアキバのシーンは最初は2人だったところに、梨子ちゃんが来て、1年生が来て、3年生が来て……。みんなで結束して1つのものを目指す――新しい光をつかみ取る走りだったのかなって。決勝の舞台に向かう姿は曜ちゃんが輝いたシーンでもあり、9人みんなが輝いたシーンでもありますね。

## CHOICE 2 まるで親の気分♪素直に想いを伝える曜ちゃんが愛しいです

第11話の閉校祭前夜、曜ちゃんが「千歌ちゃんに憧れてたんだ」と告白するシーン。ひそかに憧れを抱いていたことを初めて知って、すごくびっくりしました‼ 衣装のイラストが描けて、実際に作れて、運動神経も抜群で、なんでもできる曜ちゃんが……。Aqoursは千歌ちゃんといっしょにやりたいから始めた活動なので、曜ちゃんの中の"スクールアイドル愛"は"高飛び込み愛"ほどではないのかな？と思っていた時期もありました。
でも、この一連のシーンからスクールアイドルが大好きで、いっしょにやれてよかったという気持ちが伝わってきて、純粋にうれしかったです。改めて、千歌ちゃんに対する愛を感じた瞬間でした。今までの曜ちゃんだったら、きっと憧れを口にしなかったかもしれない。1期でも2期でも彼女の新しい成長を観られて、親の気持ちですよ、もう。こんなにもストレートに気持ちを言えるようになったんだね！よかったね、曜ちゃん♪

▶千歌には彼女にしかない魅力がたくさんある、と曜の視点で語っていた斉藤さん。

# 絆を深めて未来へ♪

キャストが選ぶ名場面＆スタッフの心に秘めた想い

## 2年生と過ごした日々

みかん箱に乗って部員勧誘！
あの日から願っていた——
同じ情熱を抱いて同じ夢を見たい

▶スクールアイドルに情熱を注ぐ千歌を見て、憧れてきた曜。その熱さがいろんな人の心を動かしてきました。

千歌の想いに動かされて、スクールアイドルを始めた梨子と曜。Aqoursを結成した3人は力を合わせ、歌詞・曲・衣装を作ってきました♪ 同じ目標に向かう中で深まる2年生の友情。その絆を感じさせる名シーンを担当キャスト＆制作スタッフがピックアップ♡

**伊波杏樹**
曜ちゃんの告白が心に響きました！

閉校祭の前日、校門のアーチ前での曜ちゃんと千歌の会話と、それを見守る梨子ちゃんがよかったです。「私、千歌ちゃんに憧れてたんだ」「このまま、みんなでお婆ちゃんになるまでやろっか！」なんて話していて……。あそこで2人の会話に入っていかないのが梨子ちゃんの優しさで、2年生3人の友情を感じた第11話でしたね。私自身、曜ちゃんが千歌に憧れていたことを純粋に知らなくて驚きました。千歌が見ているものが見たいっていう言葉が、すごくいい意味で重い。それに曜ちゃんは朱夏とよく似ていると私は思っています。器用で運動神経もよくてなんでもできるのに自分の憧れを口にする曜ちゃんは、すごく朱夏らしいなって感じました。ここは曜ちゃんの言葉が私の心に響きすぎて涙腺がやばかったです（笑）。

### スタッフの制作ノート for 2年生

**YUHEI MUROTA**
**室田雄平** ●キャラクターデザイン
キャストの熱演に影響され作画も感情豊かに!!

第12話には総作画監督として参加しています。2年生の3人がアキバに集まるシーンは、自分の担当パートだったこともあって思い入れが強いです。
私が作業する時にはすでにアフレコが終わっていたので、キャストさんの声を聴いたうえで作業を進めていきました。そのため、作画修正が演技に影響を受けていきました。特に梨子の「スクールアイドルをやりたい！」という表情は、私自身が物語に深く感情移入して描いたので満足のいくものに仕上がりましたね。そのあとの投票数"0"と書かれた紙が風に乗って飛んでいくのを見送る千歌の表情にも、これまで彼女が感じてきたいろんな想いをしっかり込めて描くことができました。

**KAZUO SAKAI**
**酒井和男** ●監督
強い自分でありたい——!!
その願いに共鳴した3人

2年生は2期の第12話が1期から続く3人のドラマの集大成だったので、非常に悩みながら作業しました。梨子は音ノ木坂学院からの転校生で、大好きだったピアノが周囲のプレッシャーに負けて弾けなくなり、心に傷を持ったまま内浦にきました。そこで千歌に出会って。千歌も自分のことを"普通星人"だと思い込んでいました。実は似たもの同士なんです。第11話で曜が千歌に「実は憧れていた」と告白するシーンがあるのですが、あれは千歌と梨子が傷——コンプレックスを抱えながらも、それを跳ね除けようする姿に憧れたんです。強い自分でありたいと願う2人の心が共鳴し合っている。曜にコンプレックスがあるわけじ

「ラブライブ！」決勝前に
憧れのμ'sと出会った
始まりの場所に集う3人──

▼大切な今があるのは、大事な出会いがあったから──。すべてはつながって、未来に向かう♪

スクールアイドルをやりたい想いはみんな同じ!!

逢田梨香子
懐かしくて新しい
"3人の出会い"

「ラブライブ！」決勝の日、アキバで3人がそろうシーンがやっぱり好きです。梨子ちゃんをスクールアイドル活動に誘った千歌ちゃん、最初にAqoursに入ってずっと千歌ちゃんを支え続けてきた曜ちゃん……。物語は第13話へと進んでいくのに、"3人の出会い"を描いた1期の第1話や第2話を思い出してしまったというか、むしろ、ここから新たな3人の物語が始まる予感がしました。
そういえば3人が集まる前に、梨子ちゃんはかつての母校・音ノ木坂学院でピアノを弾いていましたね。プレッシャーから大好きだったピアノを弾けなくなり、浦女に転校してきた過去を持つ彼女だけに、あのシーンを観た時は胸がいっぱいになりました。

斉藤朱夏
想い出を重ねて出た
梨子ちゃんの言葉♪

私は第12話の「ラブライブ！」決勝大会に向かう前の3人の絆が印象的でした。梨子ちゃんの口から「スクールアイドルをやりたい！」という言葉が聞けて、千歌ちゃんと曜ちゃんはメチャメチャうれしかったと思います。梨子ちゃんがあの言葉を言ってくれたのは、Aqoursとしての大事な想い出を積み重ねてきた証だと思うから……。
TVアニメの中では描かれていないけど、みんなでダンスや歌の練習をしたり、何度も打ち合わせをしたり、スクールアイドルとして成長しようとがんばった時間がたくさんあったと思うんです。そうやって3人は手を取り合って、ずっと助け合ってきたんだなって……。同じ時間を過ごしてきた3人だからこそ伝えられる想い、言葉、表情をいろんなところから感じましたね。

ゃないけれど、自分と千歌の関係とは別の想いで共感する関係を見た時に、すごく心が熱くなったのだと思います。その時に「私もそうなりたい！」という激情にも似た強い憧れを千歌へ抱いたのだと──。
千歌はなにも持っていないわけではなく、なんにでもなれる子なんです。とてもまっさらで、真っ直ぐな千歌が、曜は心底好きだったということでないでしょうか。僕はそう思ってあのシーンを作っていました。
基本的に3人が3人に憧れを持っていて、欠点を補完し合っているというのはいろんなシーンから察することができます。実は1年生の関係性が

ちょっと進んだのが2年生、2年生の関係性がちょっと進んだのが3年生みたいな。みんなちょっとずつ先の未来を生きている。そう考えて2年生の未来を想像すると、いったいどんなドラマが起こるのかワクワクします。
第12話のアキバでのシーンでは、千歌と曜が2人だけでチラシを追いかけられたのがよかったです。あのメイド喫茶も1周年を迎えて、ちゃんと残っていた（笑）。千歌は無鉄砲で先を考えないけれど、その一番の理解者は曜なんです。たとえるなら、エンジンとハンドルみたいなもの。どちらが欠けてもまずいんです。もちろん、梨子も新しい仲間として外せない。それがよく伝わったの

が第12話だったと思います。梨子も2人の話が終わるのを待っていたり──。梨子も千歌と曜が大好きなので。

# 1年生

Uranohoshi Girls' High School second-year students

本の世界に想像の翼をはためかせ
独自の世界を築いていた国木田花丸。
自身の生来の運のなさを
"堕天使"のせいにした津島善子。
スクールアイドルへの憧れを
胸の奥に押し込めた黒澤ルビィ。
自分らしく過ごすことに
うまく折り合いを
つけられずにいた3人は
Aqoursへの加入を機に
変わり始めます。
今自分にできることはなんだろう？
輝くってなんだろう？
仲間に支えられながら成長し、
仲間を支えた1年生の輝き。
その魅力をお届けします♡

Hanamaru Kunikida

### これぞ闇に隠された究極の処世術……

◀ふだんの言動から想像しづらい礼儀正しさ。これも堕天使が人間の目をあざむくため処世術!?

**突** 然の申し出にも関わらず、自分たちを快く泊めてくれる聖良に礼を述べる善子。礼節をわきまえた堕天使の姿に、花丸とルビィは思わずビックリ！ 生来の善子の育ちのよさが垣間見えます。

### 善子のごほうびはモチ巾着!?

**統** 廃合確定が迫り、気もそぞろな上級生のために買い出しをする1年生。仲間だから支え合って当然という花丸に感銘を受けた善子は、モチ巾着を進呈しようとします。かわいいごほうびです♪

**上級生に最大級の感謝と応援を！**

### 自分たちだけでやらなくちゃ！

**自** 分たちだけでライブができるか、不安に駆られるルビィと理亞をはげます善子たち。特に第9話で妹コンビがイベントの面接で想いを毅然と伝える姿には、まさかの堕天使も思わずホロリ！ そんな涙もろいところも魅力です。

### これも運命――堕天使との契約更新!?

**こ** の「ラブライブ！」の決勝が終わっても、学校が統廃合になっても、堕天使との契約は変わらず続く――と発言。お互いに支え合える仲間たちといっしょなら、これからの新生活も楽しく乗り越えていけるハズ！

**これからもずっといっしょ♡**

▶善子の遠回しな提案を快諾する花丸とルビィ。学院がなくなっても、紡がれた絆はなくならない！

**Profile** ■所属：浦の星女学院1年生 ■誕生日：7月13日 ■血液型：O型 ■身長：156cm
■趣味：小悪魔ファッション ■特技：ゲーム、魔法
■好きな食べ物：チョコレート、いちご ■嫌いな食べ物：みかん

♪ *Yoshiko Tsushima* ♪

## 堕天使ヨハネ 光と闇の黙示録

YOSHIKO'S ALBUM

| 1 | 2 | 3 |
|---|---|---|
| 4 | 5 | |

▼ UP

▲ DOWN

| | 6 | 7 |
|---|---|---|
| | | 8 |
| 9 | 10 | 11 |

漆黒の"堕天使ヨハネ"が、人の姿を借りて浦の星女学院で過ごした日々のひと幕をプレイバック。少女たちの平穏な日常を邪悪に染め……ることはまったくなく、楽しくにぎやかに彩ったお騒がせ堕天使でした♡ その所業をちょっとだけのぞいてみましょう☆

**1** 鞠莉から出されたマカロンがあまりにおいしそうでガマンできない。実は甘い物好き？

**2** 堕天の間（注：自室）に人が入ることあたわず……だから入ってきちゃダメー！

**3** 漆黒の翼よ、天に還れ……。この直後、散らばった羽根は責任を持って拾い集めました。

**4** 閉校祭で水晶占い。漆黒のローブをまとい、得意な魔法を披露する時がついに来た!?

**5** 気づいてほしくてライラプス（あんこ）に、念を飛ばしたことも。一途さがかわいい♡

**6** 冬のお出かけはイヤーマフつきの帽子でしっかり防寒。帽子に合わせたおさげが新鮮♪

**7** 顔にボールが直撃。その跡がくっきり残ろうとも、キメるのは忘れないのが堕天流！

**8** 乗り物での移動時は思索の時。リトルデーモンを増やす作戦を考えているのかも？

**9** 本人的には堕天使ルック……のはずだけど、そのシルエットはサンバの踊り子のよう!?

**10** 函館の食を満喫していたら、ついにアイドルには不要なモノ（贅肉）が……不覚です。

**11** 校舎への最後の寄せ書きは、当然のように五芒星。堕天使の力でみんなを守ってね!!

YOSHIKO TSUSHIMA

小林愛香さんが選ぶ
善子が輝いた"あの時"

CAST'S 4 CHOICE

キャストが選ぶ善子の
ベストシーンは？
誰よりも寄り添って
きたからこそ見える、
善子の魅力や見どころはコレ！

## CHOICE 1
最後の最後でも
失敗しちゃうのが
ヨハネらしい！

私が一番印象に残っているのは、第13話で卒業式の朝に髪のセットに失敗して、毛がぐしゃぐしゃになったと泣いているシーンですね。あれはかわいらしすぎます！ 思い出深い学校と3年生のみんなとのお別れの日――。最後だからと張り切ったのに失敗しちゃうところが、とても彼女らしいと思います。

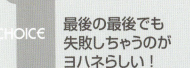

◀気合いを入れすぎて大失敗。
これをバリカンで元通りにできる花丸の手腕もあっぱれ！

## CHOICE 3
いるはずがない……
それでも信じたいと
願うほど大切なもの

ヨハネにとっての堕天使とはなんなのかが、彼女自身の口から語られた第5話も忘れられません。なぜ昔から運が悪いのか。それは自分が特別だから見えない力が働いている――そう信じることで堕天使ヨハネが誕生した、と。今では堕天使なんていない、自分が生まれ持った運命なんてない。本当はわかってる。わかってるんだけど、やっぱり信じたいと告白するところが印象的でした。彼女の中で、それだけ大きなものだったんだなぁと……。
実はヨハネが校庭に木の枝で描いたライラプスの絵は、私が実際に描いたイラストなんです。アフレコ現場で、逢田さんと2人でライラプスの設定画を少しだけ見せていただいて、それで「描いてください」と（笑）。その時はどこに使われるのかわからず、「善子がこの犬のことを想って描いているシーンで使います」とだけ説明を受けていたので、驚くほど大きくあつかっていただけてうれしかったです。

▼ヒヨる花丸とルビィを守るため前に出たら、みごとな顔面ブロックがキマった！ その尊い（？）犠牲を忘れはしないっ!!

## CHOICE 2
ここまで"持っていない"と
逆に運がいいのでは!?

第2話でアウトドアな3年生とインドアな1年生が、親睦を深めるためにドッジボールをしますよね。その時に、鞠莉ちゃんの投げた球をヨハネが顔で受けちゃうシーンもすごく好きです。私が思うにヨハネって、きっと運動神経は悪くないと思うんです。でも、タイミングの悪さや"持ってなさ"が重なってこうなっちゃう（笑）。ここまでいくと、逆に運があるのではと思っちゃいますね。みんなを守ろうとカッコイイことを言って、パッと前に出た瞬間にあれですから（笑）。

★ HANAMARU KUNIKIDA

読書で絆を深めるのが文学少女の定番？

みんなで読めばもっと楽しい！

**読** 書はみんなで感想を言い合ったり、本をオススメし合ったりすればもっと楽しい……そう考えて読書会を開いたことも。身体能力が必要な"活動"よりも、心を動かす"活字"との相性がいい花丸らしい企画ですね。

◀理亞が最初に作った歌詞は「必ず勝利の雄叫びを上げようぞ」など、どこか戦国武将風の響き。それを「Awaken the power」に昇華できたのは、花丸たちのおかげかも♪

文学少女の本領発揮ズラ！

曲のテーマみーつけた♪

**理** 亞と1年生3人だけで挑戦する曲作り。「自分たちにも隠された力があるのかも？」と語るルビィを見た花丸は、それを歌のテーマにしようと思いつく。この発想の早さと言語感覚は文学少女ならでは!?

**趣** 味も学年も違う果南と花丸が打ち解けているのを見て、ダイヤも思わずビックリ!! 果南も積極的に人づき合いをする性格ではないから、花丸が勇気を出して歩み寄ったのかも？ Aqoursのおかげで、彼女の人間関係も少しずつ広がっているみたい。

趣味も学年も越えた仲のよさ♪

▶曲の方向性で対立しかけたけど、第4話では花丸と果南は本を貸し借りする仲に。どんな本かな？

**読** 書だけでなく仲間といっしょにいることも、仲間となにかをなし遂げることも、楽しいと千歌に話す花丸。そして「ラブライブ！」に勝ちたいと願う強い意志は、これまでのAqoursの活動で成長した証です！

目に見えなくても成長している♡

▲「ラブライブ！」決勝前に、1人で静かな読書タイム。仲間と過ごすひと時と読書の時間──。2つの宝物が彼女の日々をもっと実りあるものにしてくれているみたい。

**Profile**
■所属：浦の星女学院1年生 ■誕生日：3月4日 ■血液型：O型 ■身長：152cm
■趣味：読書 ■特技：独唱（聖歌隊所属）
■好きな食べ物：みかん、あんこ ■嫌いな食べ物：牛乳、麺類

♪ Hanamaru Kunikida ♪

UP

DOWN

## みんなと過ごすハナマルデイズ!

HANAMARU'S ALBUM

| 1 | 2 | 3 |
|---|---|---|
| 4 |   | 5 |
|   |   | 6 |

| 7 |   | 9 |
|---|---|---|
| 8 |   |   |
| 10 | 11 | 12 |

仲間をサポートして、時にはツッコミを入れて。そしておいしいものあらば、食べてその魅力をしっかり味わって……。1人で何役もこなす花丸の毎日は大忙し!! Aqoursにおける"縁の下の力持ち"彼女の日々は、楽しくて、にぎやかで、ハナマルなんです♪

1 「ウチのお寺で(練習して)本当にいいずらか?」まるで人以外のナニカがいそう……。

2 北海道でも食を満喫。函館名物のやきとり弁当をペロリ♪ 細い体のいったいどこに!?

3 農業用の運搬トロッコが大暴走。みかんは好きだけど勝手に口に入ってくるのはNG!?

4 以前はノートPCすらおっかなびっくりだった花丸だけど、今ではスマホもお手のもの♪

5 閉校祭で善子のために占いの宣伝中。文句はいっても、お手伝いするのが彼女の優しさ♡

6 ニガテなうどんと、なんだかいつもと様子が違うダイヤに挟まれ、思わずタジタジ!?

7 みんなでほっこり温泉タイム。ここでもシャンプーのボトルを動かす名(!?)アシストが。

8 北海道でソフトクリームを満喫。食の楽しみの前には、北国の寒さだってへっちゃら!

9 余計なことを言う善子の口に甘味をズドン! どんな時でもフォローは忘れません。

10 ダメといわれるとむしろ見たくなるのが人情? こういうところは肝が座ってる!

11 魔術や儀式など、善子の"西洋かぶれ"は、仏教を伝えるお寺では一切通じない!?

12 顔出し看板でにっこり。素朴な遊びが似合う自然体が魅力の女の子、それが花丸♪

HANAMARU KUNIKIDA

高槻かなこさんが選ぶ
**花丸が輝いた"あの時"**
CAST'S 5 CHOICE

着ぶくれ花丸はどう演じたの？
アフレコ現場でのマル秘
エピソードも交えながら、
高槻さんが花丸の輝いた瞬間を
振り返る！

### CHOICE 1
### 「お相撲さんのように」と指示をいただきました

極寒の函館でまるまると着ぶくれした花丸ちゃん！ インパクトでは間違いなく、これが一番です（笑）。アフレコ時、最初は"ちょっとかわいらしく太った感じ"でお芝居をしたのですが、「もっとお相撲さんのような感じで」というアドバイスを音響監督さんからいただき……。「こんな感じかな？」と振り切って演じてみたら1回でOKが出て、そのままオンエアされてしまいました。こういうコミカルなパートは演じていて楽しいです！

それと花丸は函館でもいろいろなご当地フードを食べていたのも印象的です。そういう意味では、彼女は他の子たちに比べて、出かけた先の魅力を発見しやすい子なのかもしれませんね。

▲函館で"元祖THEフトッチョバーガー"を満喫♪ どんなに食べても、体に余分なものはつかない燃費のよさが花丸流！

### CHOICE 2
### 善子と2人でルビィをサポートできてうれしい!!

Aqoursの函館旅行が描かれた、第8話と第9話では、人見知りなルビィが大きな成長を見せてくれましたね。花丸や善子はルビィと理亞ちゃんを陰からバッチリサポートしていました。この2人がそばで支えていたからこそ、思い切った行動ができたのかもしれないと思うと、ちょっとうれしくなるエピソードでした。

### CHOICE 3
### いっしょにお別れを……心からのお願いに感動

第13話は、アフレコ現場でもキャスト全員が泣きそうになりながらのお芝居だったと思います。でも、「花丸ちゃんたちが必死に堪えているのだから、私も泣いてはいられない」と涙ぐみそうになりながらも、必死に演じていました。

RUBY KUROSAWA

◀ダイヤから自分がいかに勇気をもらってきたかを自覚するシーンも。姉妹愛に感涙です……。

大切な人のために勇気を出して

姉 に安心して卒業してもらいたいという一心で、勇気をふるい立たせてクリスマスイベントの面接に臨むルビィと理亞。大切な人を思う気持ちを力に変えてがんばるシーンは、ダイヤじゃなくても胸打たれたはず。

ステキなライブにしてみせます！

得意なお裁縫でみんなを助ける♪

閉 校祭で、千歌のクラスが行う喫茶店の衣装作りをお手伝い♪ スクールアイドルとしての活動ではないけれど、特技を積極的に生かして、みんなと楽しく過ごした時間は、人見知りな彼女の大きな自信になったはず。笑顔もキラキラ♡

閉校祭では姉妹で司会デビュー？

閉 校祭の当日は、ダイヤが企画したスクールアイドルクイズをお手伝い。ちょっとぎこちなさを見せながらも、ダイヤと2人で息の合った名進行ぶりを発揮!? 2人の衣装もかわいい♡ これは黒澤姉妹の仲のよさを堪能する企画……でいいんだよね？

しんみりしてしまいそうな閉校祭を、大好きなダイヤとともに楽しみます。宝物のような時間です♪

最後まで泣かずにがんばルビィ！

卒 業式の日も、涙は見せずに――みんなでそう決めて、笑顔で校舎に〝寄せ書き〟を。だけど、楽しもうとすればするほど、その時間が終わるせつなさも大きくなって……。3年生の卒業＝閉校の現実は、その細い肩へ重くのしかかります。

今が楽しいほど近づく別れはせつなくて……

◀式の開始を目前に、ついに涙を見せてしまったルビィ。花丸の手の温かさが、彼女の心を癒やしてくれるはず。

Profile ■所属：浦の星女学院1年生 ■誕生日：9月21日 ■血液型：A型 ■身長：154cm
■趣味：お洋服、お裁縫 ■特技：衣装選び
■好きな食べ物：ポテトフライ、スイートポテト ■嫌いな食べ物：わさび

37

## ほっとけない!!! みんなに 愛されルビィ♡

RUBY'S ALBUM

子供といっしょにはしゃいでいるかと思えば、姉への愛を原動力に予想外の行動力を発揮したり……。そのアンバランスさが魅力のルビィ。Aqoursメンバーみんなの"妹"は、守ってあげたい女の子ナンバー1!? そんなルビィの日常のひとコマ、見てください♪

UP
DOWN

1 水族館でのアルバイト! リアクションが完全に同じで、どちらが子供かわからない!?

2 打たせ湯のマッサージ効果で、極楽気分!? 温泉を誰よりも満喫しちゃったかも!

3 校内を駆ける怪しい影がしいたけだとわかりひと安心。だけど、ルビィ、後ろ――!!

4 善子の"堕天使奥義"で完全ホールド! もはやAqoursでよく見られる日常の風景。

5 私たち、Aqoursやめます!? ダイヤの妄想のルビィは、憂いある表情がオトナっぽい!

6 善子のふだんの不運をからかうルビィ。こんな小悪魔な表情を見せられたらドキドキです♡

7 もふもふのイヤーマフとポンポンがついたマフラーで、冬のコーデは甘くガーリーに♪

8 鞠莉たちに誘われた夜のドライブではキャスケット姿。ボーイッシュな装いもお似合い。

9 善子のいつもの口上にヤレヤレ。堕天使には小悪魔ルビィで対抗しちゃう!?

10 間近に見るアシカが怖くて、退避のために階段の上まで大ジャンプ。秘めた力が解放!?

11 スクールアイドルの知識なら負けぬ!? 時にはダイヤをタジッとさせる情熱が前に!

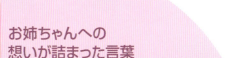

降幡 愛さんが選ぶ
ルビィが輝いた"あの時"
CAST'S 6 CHOICE
2期に大きな成長を見せたルビィ。降幡さんが選んだシーンもそれが印象的に描かれています♪

## 1 CHOICE　お姉ちゃんへの想いが詰まった言葉「置いていかないで」

印象深いシーンと聞かれて、一番に思い浮かぶシーンは、第8話の「お姉ちゃん、ルビィを置いていかないで……」です。せっかくお姉ちゃんといっしょにスクールアイドルができるようになったのに、3年生は卒業を間近に控えていて、さらに学院の統廃合も止められなくて。そんな状況に置かれたルビィの口から出てきた「置いていかないで」という言葉が、とても切実で、大切で、重く感じられました。

そんな彼女の気持ちをしっかりと受け止めてくれたお姉ちゃん。その後の会話で、ルビィの成長を喜んでくれていたことがわかった時は、すごくうれしくて……。「あなたは大丈夫よ」とエールを贈ってくれた気がしました。ダイヤのことも、黒澤姉妹の関係性も、とてもステキだなと改めて感じました。

▲やはり一番は、ダイヤを思って涙する函館でのシーン。迫る別れが心をしめつける。

## 2 CHOICE　友情だけでは言い表せない"妹同士"の関係性がよかった♪

お話全体を通して、ルビィの表情すべてが印象的だった第9話。いつもは困り眉毛の彼女が、故郷から遠い函館の地で、2人の姉に贈るライブの実現に向けてキリっとした顔つきで楽しそうに動いているのが、本当にすごいなと‼ それもやっぱり、理亞ちゃんの存在が大きかったと思います。

1期の時は、ツンツンしてばかりいる理亞ちゃんに、ルビィはおびえてばかり……。正反対に見えた2人が、"お姉ちゃんが大好きな妹同士"として、手を取り合って曲の歌詞を考えているシーンもよかったです。友情という言葉だけでは言い表せない、ステキな関係だなと。そして深い絆で結ばれた花丸ちゃんと善子ちゃんが、いつも以上に彼女のことを助けてくれる場面にも胸がジーンとしました。

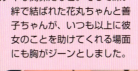

## 3 CHOICE　内気で臆病だったルビィが前に進もうとする姿に感動!

卒業式が描かれた第13話で、図書室の片づけを済ませたあとに花丸ちゃんと話すシーンも忘れられません。きっと1期のころのルビィだったら「新しい学校でうまくやっていけるかな? もっとみんなといっしょにいたいよ……」と不安しかなかったと思うんです。

でも、実際の彼女は「花丸ちゃんたちとスクールアイドルをやってこれたんだもん、大丈夫かな」と次に前向きに進もうとしていて――。思わず「大人になったね!」と、うれしくなりました。念願のスクールアイドルを、大事な仲間たちとやり遂げることが自信になったのでしょうね。

▼▶寂しさを抱きつつ、未来を見据えて。Aqoursの活動と1年生の交流が、ルビィの心の支えに♪

# 仲間たちを支えてあげたい！

## 1年生と過ごした日々

キャストが選ぶ名場面＆スタッフの心に秘めた想い

さり気なく優しく……
先輩を支えてくれる
1年生の頼もしさ!!

▶第7話の買い出しシーンはキャストに大人気♪ 先輩たちへの敬意と感謝、仲間との絆、コミカルなアドリブ……と見どころ満載♪

1年生3人そろっての魅力が、特に出ていたシーンはどこ？ キャスト、制作スタッフそれぞれの視点で語ってもらいました。一番みんなの支持を得られたのは、第7話のあのシーン！ あなたのイチオシと同じかな？

### 小林愛香
**第7話の買い出しは1年生の魅力が爆発♪**

第7話で1年生の3人が夜のコンビニにおでんを買い出しにいくシーンが好きです。入学希望者が増えず、元気のない先輩たちを後輩として気づかう気持ちがよく出ていますよね。浦女に入学してからそんなに経っていないのに、千歌たちのことをよく見ているんだなと……。アフレコ当時は、演じている私たちも先の展開について知らされていなかったので、ヨハネたちと同じように不安と期待を抱きつつのお芝居でした。
ここでのヨハネ、花丸、ルビィのやりとりは、1年生のキャスト3人で話し合いながらアドリブを入れたんです。最終的には「もち巾着をあげる！」「できたら黒はんぺんがいいずら」「それはだめ！」「ルビィは卵がいい！」というにぎやかな会話になりました。自分たちでセリフを考えておきながら「もち巾着以外はあげないのかーい！」とツッコミましたね（笑）。真剣に先輩を想うとてもよいシーンですが、最後はふざけ合って終わるのが1年生らしくて、そんなところも好きです♪

---

### スタッフの制作ノート for 1年生

**YUHEI MUROTA**
**室田雄平** ●キャラクターデザイン

*見守ってきた2人が逆に勇気づけられる構図がいい*

1年生のエピソードで印象に残っているのは第9話ですね。特に函館のクリスマスイベントにエントリーするため、面接を受ける理亞とルビィを後ろから見守る花丸と善子のシーンです。1年生3人の関係性が端的に描かれていて好きです。
また、ルビィを見守る立場だった花丸と善子が、ルビィの行動や成長に逆に勇気づけられている、という構図もすごくよいと思いました。

▶室田さんも感銘を受けた1年生の支え合い。函館旅行で、3人の友情はもっと深まりました♪

**KAZUO SAKAI**
**酒井和男** ●監督

*1年生のモチベーションは先輩たちの願いを支えること*

先輩たちが始めたAqoursという"夢"を叶えてあげたい──。それが途中から3人の大きなモチベーションになっていたのを感じます。自分たちの夢も大切だけど、2年生と3年生の想いを汲み取ってあげたい、と。精神的には一番大人なのかも……。
1年生はとにかくおもしろいことが好きで、とにかく誰かを楽しませたい。天性のエンターテイナーとしての血が騒ぐのでしょう。たとえばカラオケに行ったら1人で10曲続けて歌ってしまう、しかもタンバリンも振ってしまうような感じ。
ルビィは置いていかれる人と旅立つ人がいるという現実に立ち向かうことでさらに強くなりました。ダイヤが旅立つためには、笑顔でいなきゃいけない、成長しなきゃいけないという目標が自分の中にあって。初めての姉妹エピソードなのでAqoursらしく描ければいいなと思

だって仲間だから——
1年生としての役割を
確かめ合った夜☆

▼Aqoursを最初に結成した3年と、その気持ちをつないだ2年を支えるんだと団結。1年の成長に降幡さんも感動！

降幡 愛
思っていたより
オトナでびっくり！

1年生3人の会話が楽しい第7話の買い出しは、私もお気に入りのシーンです。千歌ちゃんたち2年生が今のAqoursを築き上げて、3年生はそれよりも前にスクールアイドルとして活動していた過去があって……。そんな彼女たちに対する1年生の立ち位置というか、役割というようなものを3人ともちゃんと考えていたんだなと。ルビィたちは2年生や3年生のことを"先輩"と呼ぶわけではありませんが、尊敬していることや感謝していることがストレートに伝わってきました。
　それに1年生たちは"今ははしゃいでもいい時"とか"今はマジメに向き合う時"というのも、すごくしっかり見極めているんですよね。ルビィたちが持つそうした一面を真正面から描いてくれたのが新鮮だったし、とてもうれしくて。「みんな、私が思っていたよりオトナだね!?」と思いました（笑）。

趣味や嗜好がバラバラでもチームワークはバツグン♪

高槻 かなこ
個性豊かな3人に
親近感を覚える!?

TVアニメ2期では統廃合を中心にAqoursを取り巻くさまざまな問題が描かれましたが、そうした問題と正面から向き合う2年生と3年生を支える役目こそ、妹分である1年生の見せ場だったと思います。なので、私も花丸たちが抱いた「仲間を支えたい！」という気持ちを大切に演じさせていただきました。
　1年生の3人は、熱心なスクールアイドルファンのルビィ、堕天使の善子、読書家の花丸——とそれぞれの趣味や個性が際立っていますよね？　共通点といえば、みんなインドア派ということくらいかな。キャストの私たちもそれぞれに個性が豊かで、それぞれに自分の世界を持っているので、まるで自分たちを見ているかのようでした（笑）。でも、いざという時はチームワークを発揮して1つになるのが大好きですね。

って、特に函館編は作らせてもらいました。
　花丸は、こぼれ落ちそうなものを拾ってあげられる優しさの持ち主ですね。仲間が暴走した時は、わざとおどけたり、問題をそらしてあげたりして……。悪ふざけをしているように見えて、救ってあげたりもしています。彼女の行動は癒しにつながっていると思います。まわりの空気を和ませてあげられるのが魅力です。第13話の図書室を閉めるシーンは、花丸にしてみれば図書室が一番の拠りどころで、みんなとつながっていた場所。そこをなくすことに、一番強い想いがあったのだと思います。扉を3人でいっしょに閉めないと次に行けないというのは、1年生3人の絆が学院のだれよりも強いから、思わず気持ちが高ぶってしまったのだと思います。
　善子も自由に見えてすごくまわりを見ていて、実は一番賢いのかもしれないです。8割天然ですけど。堕天使を演じているのではなく、没入しそうになっているだけで考えていないわけではない。善子はどこか謎めいたところもあって、Aqoursのジョーカー的な存在。性格的には偶然を偶然と思いたくない子だと思っています。だから9人が集まったことも、運命の犬・ライラプスに会ったことも特別なこと。「ちょっとしたことでも、キセキを感じられるように生きていきたい」というのが善子のような気がします。1年生の中では特にふつうであることにコンプレックスを持っていて、ふつうのことをふつうに受け取ると、自我そのものがなくなってしまうのではないか、と……。恐れているわけではなく、嫌いなんでしょうね。だから、自分が自分であるために行動や言動をいちいち派手にしてる。
　第5話「犬を拾う。」ですが、梨子と善子は対照的な2人ですよね。善子はキセキを知っているから、ふつうに陥ることを恐れてて、梨子は千歌と会って体感していくうちにキセキを信じられるようになった。そんな2人がキセキという言葉で心の交流をするのが第5話なんです。キセキに翻弄されている対照的な2人――。2人があの場にいたのも運命だったのでしょうね。でも、最初は善子もキセキを信じきれないところが少しあって、念でライラプスを振り向かせて確かめようとします。そんな2人のいいところは、「こうだ！」という決めつけがなくて心がすぐに揺らぐところかもしれません。これは黒なのよ、白でしょ、白なのかな、みたいな……。だから彼女たちの論理やモラルで自分たちだけの答えを探していくのだと思います。

41

# 3年生

Uranohoshi Girls' High School third-year students

海が大好きな松浦果南。
良家のお嬢様・黒澤ダイヤ。
外の世界を知らずにいた小原鞠莉。
幼いころ、出会ってすぐ親友になった3人は
浦の星女学院でAqoursを結成。
スクールアイドルとして自分らしく
3人らしく輝く……はずでした。
3人の気持ちは長い間すれ違うけど、
高海千歌をリーダーとする
新たなAqoursが
その想いを1つに束ねて。
3年生として挑む
最後の「ラブライブ！」と
そのあとに待つ卒業……。
岐路に立ちつつある3人の輝いた日々が
たしかにここにあります♪

Kanan Matsuura

# 松浦果南

♪ Kanan Matsuura

🐬 海育ちの高い身体能力で
ダンスパートを輝かす
最強のマリンガール!!

海とダイビングを愛し、毎朝のランニングを欠かさない果南は、Aqours内で群を抜くフィジカルの持ち主。その身体能力の高さを生かして、練習時にはダンスのコーチも担当しています。積極的に人づき合いをするタイプではないけど、一度打ち解けてしまえばその情の深さは駿河湾より深い――!? TVアニメ2期では、幼なじみのダイヤと鞠莉との絆はもちろん、千歌曲のセンターを任せるなど、仲間との信頼をさらに深めた様子♪

花 丸のツテで、第2話では無人のお寺で雨宿りをすることになったAqours。電気も通っていない古めかしい本堂にみんなが驚く中、一番動揺していたのが果南です。肝が座っているようで、実は一番の怖がりという意外な一面に、みんな二度ビックリ!?

強がるのも もう限界!?

夜のお寺で意外な弱点発見!?

CV 諏訪ななか

# 6 * KANAN MATSUURA

## フィジカルの強さでメンバーを引っ張る!

Saint Snowに練習の指導を受けるAqours。年始の休み明けで運動不足だったせいか、みんなヘトヘトに……。でも果南だけは平気‼ ダイビングで培った強い心肺機能はダテじゃない!

## みんなと過ごした故郷の海を愛して

◀閉校祭では"初代っちー"となり、曜とともに水族館を再現したアトラクションを演出。

学院卒業後は、ダイビングのライセンスを習得するために海外へ行くことを第10話で告白‼ 海をこよなく愛する彼女らしい選択に、ダイヤも鞠莉も納得したみたい。世間に流されず、好きなことをトコトン追求する姿勢、さすが♪

## 3人のAqoursから今のAqoursへ託す夢

2年前に考案したダンスのセンターを千歌に託した果南。かつての自分たちにはできなかったくやしさと、千歌が期待に応えてくれたうれしさと……。2つの想いに揺れる表情が印象的でした。

**2年ぶりに叶う夢とせつなさと……**

## もう1つの"海"へ深く潜って――

1 人訪れた東京の海岸で、海の向こうを優しく眺める果南。海は大きく広がって、緊張も不安もちっぽけに感じる!? 果南の心の海もどんどん広がっていきます♪

**寄せては返すさまざまな想い**

◀「これでせいせいする」という言葉に込められたさまざまな想い。Aqoursの活動を目いっぱい楽しんでいるからこそ、悔いのない"イマ"があります。

**Profile**
■所属:浦の星女学院3年生 ■誕生日:2月10日 ■血液型:O型 ■身長:162cm
■趣味:天体観測、水泳 ■特技:ダイビング、操船 ■好きな食べ物:さざえ、わかめ
■嫌いな食べ物:梅干

♪ Kanan Matsuura ♪

KANAN'S ALBUM

スクールアイドルと
熱い友情に
全力ダイビング!

| 1 | 2 | 3 |
|---|---|---|
| 4 |   | 6 |
| 5 |   |   |

▲ UP

▼ DOWN

|   | 8 |    |
|---|---|----|
| 7 | 9 |    |
| 10| 11| 12 |

青に包まれた海中をどこまでも潜っていくように、一度決めたら一直線! まっすぐで、カッコよくて、頼りがいがあって……。父親のダイビングショップを手伝う孝行ガールでもある果南。この内浦の海が育てたナチュラルビューティーの素顔にフォーカス!!

1 無人のお寺で物音を立てる犯人はやんちゃなネコ! オバケではなかったので安心!?

2 見え見えのウソをつくダイヤにニヤニヤ。幼なじみには、まるっとお見通し!

3 お互いをよく知るにはスポーツが一番! 手加減なしの速球で語り合うのが果南流♪

4 あまりに体が硬い善子にニヤリ。柔軟運動を甘く見る子にはオシオキが待っている!?

5 もっと早く、少しでも前へ! レバーをへし折ったのは腕力か? それとも気迫!?

6 鞠莉との仲が悪いって? すれ違いを経て仲直りした2人の息はペアダンス並♡

7 かけがえのない人たちと、思いを確かめ合うためのハグ。紡いだ絆はさらに強く!!

8 大量のマカロンを前に、思わずゴクリ♡ 乙女だもの、ユーワクに負けそう!?

9 閉校祭で鞠莉をエスコート。ステキな王子様の出現に、周囲も思わず色めき立つよね♪

10 浦の星はいい学校だよ――早朝の静かな街並みに、果南の素直な思いがこだまする。

11 着ぶくれしすぎの花丸に思わずジトッ。アクティブな果南は、寒さとは無縁そうだね。

12 鞠莉の体重はいつだって把握ずみ!? 果南だけに許された、お姫様だっこ式測定法です。

★ KANAN MATSUURA

諏訪ななかさんが選ぶ
果南が輝いた"あの時"
CAST'S 7 CHOICE

3年生との絆はもちろん
千歌へ託す想いや1年生との
歌詞の共同制作など……
果南の仲間想いな性格が
伝わるシーンがずらり♪

## CHOICE 1 1&3年生の個性が光った第2話 怖がりな果南も印象的♡

まずは1年生と3年生の個性がよく見えた第2話ですね。TVアニメ1期ではあまり表に出てこなかった、それぞれの性格や嗜好が垣間見られてよかったですね。まさか果南が、鞠莉が作曲したあんなに激しいヘヴィメタルの楽曲を大音量で流されて平気な顔をしているとは……‼ きっと、小さいころから鞠莉にそのような楽曲を聞かされ続けて、体が慣れてしまっているのかもしれませんね（笑）。

その後、雨宿りで入った古いお寺で、「私は平気だけど……」と言いつつ、小さな物音にビクビクしたりして。そんな怖がりな一面を見せてくれたのも印象的でかわいかったです。

◀鞠莉がかける爆音のサウンドを笑顔で聴く果南とダイヤ。2人とも慣れすぎでは⁉

## CHOICE 2 千歌を信じながらも不安と期待が混在した「MIRACLE WAVE」

地区大会を目前に控えた第6話、「MIRACLE WAVE」の難しいダンスのフォーメーションに挑もうとする千歌とそれを心配する果南とのやり取りも印象に残っています。「これはセンターを務めた人の負担が大きいの」と、いつになく慎重な果南。果南としては、今回のような高難度のダンスは、できればやってほしくなかったんじゃないかと思います。

それは大事な仲間の千歌にケガをさせたくないという心配、2年前に自分たちができなかったことを押しつけているのでは？ という心苦しさ、そしてこのダンスを3人のAqoursで成功させたかったという、後悔やせつなさ……。さまざまな想いが果南の心を波立たせていたような気がします。

一方、千歌がんばっても、がんばってもできなくて……。何度失敗しても決して諦めなくて……。「明日の朝までにできなかったら、もうやらないで！」と果南が期限を切っても、ひと晩中練習し続けて。最後の最後に成功する姿には、胸にグッとくるものがありました。果南たち3年生の願いを本当の意味で未来につなげてくれたシーンだったと思います。

▼千歌の特訓の成果を見にきた果南。厳しい表情に、千歌への信頼と心配が見え隠れ？

## CHOICE 3 星座表に星の絵を描く優しいシーンが好き！

第10話で、幼いころの3年生3人組が星を見にいくシーンが大好きです♪ 小さいころの3人を描いているシーンはどれもお気に入りなのですが、その中でも一番心に響いたのがここかな。

結局、雨に降られて夜空の星を見つけられなかったけど、果南が鞠莉の星座表に星の絵を描いてあげる優しいシーンが最高でした。しかも、下の正座や文字が見えなくなるくらい、けっこう大きめに描いちゃうんですよね（笑）。でも、大きい星をあげたい気持ち、ちょっとわかりますよね。

# 黒澤ダイヤ

*Dia Kurosawa*

## だらしないのは "ぶっぶーですわ"!? 浦女を支えるしっかり者の生徒会長

浦の星女学院の生徒会長を務めるダイヤ。幼なじみの鞠莉と果南がそれぞれの理由で学院から離れていたころは真面目で規律正しい、しっかり者の一面が強調されていましたが、千歌たちのいるAqoursに加入してからは、スクールアイドルへの強い想いや、素直になれない照れ屋な部分にもスポットが当たるように。2期では、妹のルビィをかわいがり、その成長に目を細める姉妹の絆もていねいに描かれました。

**新** 曲の制作で打ち解けて、1年生から"果南ちゃん"、"鞠莉ちゃん"と親しみを込めて呼ばれるようになった3年生の2人。ダイヤは自分も"ダイヤちゃん"と呼ばれたいと思うも言い出せず……。生徒会長のオトメな一面、発見!?

意外な本音にAqoursのみんなもビックリ!!

私も"ちゃん"づけで呼ばれたい……

▲この内浦に旧網元のご令嬢を"ちゃん"づけで呼ぶ人はずっとおらず、ダイヤはずっと寂しかったのかも。素直に甘えられない不器用なところもカワイイ♡

CV 小宮有紗

# 6 DIA KUROSAWA

## 上級生たるもの"ちゃんと"すべし!?

みんなで参加したフリーマーケット。売り上げ＝部費確保のため、ダイヤは原価まで持ち出してお客さんの言い値を論破してしまう。尊敬を込めて、やっぱり"ダイヤさん"と呼びたくなる♪

**真面目でしっかり者の血がさわぐ!?**

## ルビィがAqoursを脱退しちゃう!?

函館に残ったルビィの隠しごとに気づいたダイヤは、Aqoursを脱退するつもりなのでは!?　と心配したことも。ルビィのことですぐ取り乱す姿は、かわいいお姉ちゃんという言葉がピッタリ♪

## 卒業の前に大切な妹へ伝える言葉――

幼い日、おもちゃのマイクを手にアイドルごっこをして遊んだ黒澤姉妹にとって、同じグループのスクールアイドルとして活躍中の"イマ"は宝物のはず。その輝きは別々の道を行く未来が来ても変わりません。2人の絆と同じように……。

◀姉妹の自立と、絆の深まりが描かれた第8話＆第9話は必見♪

## ダイヤはお堅くて柔軟な生徒会長！

自宅に許可を取れば、閉校祭の準備でどれだけ居残りをしても小原家が家まで送るという鞠莉の提案に、自分もそう提案するつもりだったと笑顔に。マジメさと柔軟性を兼ね備えた名生徒会長は、理事長のよき理解者です♪

**生徒のことを第一に考える鞠莉といいコンビ♡**

▲みんなのためなら、自分に打てる手はなんでも打つ。生徒想いな理事長と生徒会長コンビのおかげで、閉校祭は無事、開催されました！

**Profile**　■所属：浦の星女学院3年生　■誕生日：1月1日　■血液型：A型　■身長：162cm　■趣味：映画鑑賞、読書　■特技：和琴、唄、着付け　■好きな食べ物：抹茶味のお菓子、プリン　■嫌いな食べ物：ハンバーグ、グラタン

# Dia Kurosawa ♪

## 浦女の憧れ♡ 華麗なる活動ダイアリー

DIA'S ALBUM

| 1 | 2 | 3 |
|---|---|---|
| 4 |   | 6 |
| 5 |   |   |

**UP**

**DOWN**

| 7 |   | 8 |
|---|---|---|
| 9 | 10 | 11 |

母校を代表するスクールアイドルとして、浦女を支える敏腕生徒会長として──常に学院内の生徒たちの注目を集めているダイヤ。立てば芍薬、座れば牡丹。歩く姿は、ただのスクールアイドルマニア!? みんなが憧れる大和撫子の素顔を暴いちゃいます♡

1 親睦を深めるならハダカのおつき合いから!? 古きよき日本の風習（？）を実行♡

2 果南と鞠莉に本音を言えないダイヤ。それを励ますヌメルギが……え？ アオってる!?

3 もし"ダイヤちゃん"と呼ばれたら……想像しただけで、思わず頬がゆるんじゃう！

4 身を乗り出し、相手の目を見れば準備完了！ 続く言葉はもちろん「ぶっぶーですわ！」

5 つい相手を本気で論破！「やってしまった……」感満載の顔で、反省中なのがカワイイ。

6 本音を言えない時は、ついホクロをポリポリ。クセは指摘されてもすぐには直せない!?

7 μ'sに縁を持つ神田明神で勝利祈願。その真摯な横顔に思わず見とれてしまう！

8 ルビィが作った和風衣装♡ 姉のためにデザインしただけあってとっても似合ってる♪

9 Saint Snowの聖良との"姉コンビ"ショット♪ こんなステキな姉がいたら自慢です。

10 承認ハンコが押されたおデコを拭き拭き。鞠莉の情熱のせいか、全然落ちないみたい。

11 司会者なのにスクールアイドルクイズで優勝!! でも、ダイヤの博識ぶりにみんな納得！

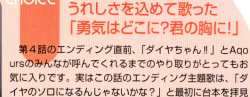

小宮有紗さんが選ぶ
ダイヤが輝いた"あの時"
CAST'S 8 CHOICE
第4話のエンディングは
ダイヤのソロになると
読めていた!?
小宮さんの慧眼が光る、
ダイヤの名シーンはココ！

## CHOICE 1
"ダイヤちゃん"と呼ばれた
うれしさを込めて歌った
「勇気はどこに？君の胸に！」

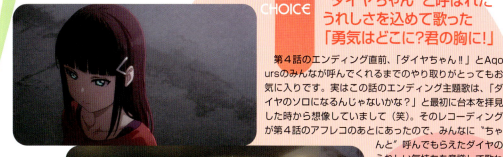

第4話のエンディング直前、「ダイヤちゃん！！」とAqoursのみんなが呼んでくれるまでのやり取りがとってもお気に入りです。実はこの話のエンディング主題歌は、「ダイヤのソロになるんじゃないかな？」と最初に台本を拝見した時から想像していまして（笑）。そのレコーディングが第4話のアフレコのあとにあったので、みんなに"ちゃんと"呼んでもらえたダイヤのうれしい気持ちを意識して歌わせていただきました。もともと、歌詞の内容があの時のダイヤの心情に近いんじゃないかと感じていましたし、最後までステキな流れになっていると……。もし、このお話をもう一度観返すことがありましたら、そんなところも意識していただけたらうれしいです。

▲ "ちゃんと"してるダイヤを"ダイヤちゃん"と呼ぶレトリック（？）が印象的☆

## CHOICE 2
姉妹の絆を描く第8話は
特別な気合いを入れて
アフレコに挑みました

ルビィの成長をひそかに喜んでいたこと、スクールアイドルの活動に満足していること――。第8話の函館で交わされた、ルビィとの会話も外せません。この2人のような"姉妹の絆"は前作『ラブライブ！』にはない魅力の1つだと思っていましたので、あいあい（※降幡愛さんの愛称）と「なかなか姉妹の絆が深くは描かれないのがもどかしいね」と1期の時に話していたんです。なので、第8話の台本を拝見して「ついにきた！」と（笑）。いつも以上の気合いでアフレコに臨みました。
この時のダイヤはその言葉通り、スクールアイドルをやりきった満足感は確かにあったと思います。でも、まだ学生なんですから、割り切れない悔しさのようなものも抱いていたはず……。そうした、彼女の微妙なニュアンスを作画で丁寧に描いていただけましたので、お芝居はあえて明るい方向に振って演じました。

## CHOICE 3
決断を尊重し合う
3人の姿に
成長を感じて♪

第10話の淡島遊歩トンネルで、それぞれの進路を語り合うシーンもすごくグッときました。今のAqoursにつながるグループを作った3年生が、お互いになにかを相談するでもなく、思い思いに進路を決めていて。でも、それぞれにその選択を尊重して、「これからもいっしょだよ」っていう……。1年生の時は、きっとお互いの気持ちがすれ違いながら自分の意見を通していたと思うんですよね。今は違う未来を見つめながら、同じ気持ちでいるというか。その心のふれ合いからも、3人が大きく成長したということが観てくださったみなさんにも伝わったのではないかと思います。
スクールアイドルは、その活動期間が学生時代だけでずっと続くものではないから、応援したくなる、追いかけたくなる……といいますけど、2期はそんな現実的な面も描かれていた気がします。ダイヤたちのように深い絆で結ばれた仲間でも、いっしょにいられる時間は限られている。『ラブライブ！サンシャイン!!』、ひいてはAqoursも、この「いつかは終わってしまうはかなさ」があるからこそ、みなさんが一層応援してくださるのだな、と私も実感させられました。

MARI OHARA

◀部屋の階数がどれだけ上がろうと脱出を繰り返す。行動力の高さは当時から！

◀みんなの表情を見れば、誰も統廃合の件を責めていないのは明らか。むしろ鞠莉への感謝が♡

## 幼いころから変わらない3人の絆

幼いころ、深窓の令嬢だった彼女に外の世界の広さと楽しさを教えてくれたのが果南とダイヤ。その仲をジャマするものは、親であろうが、神様であろうが、本当に勘当しちゃいそうな鞠莉です♪

*いっしょならなんでもできると信じる一途さに♡*

## 学校を想う心は理事長と生徒の垣根を越えて

学院を守れなかったことを涙ながらに謝罪……。頭を上げるとそこにはたくさんの笑顔が!! 彼女がどれだけ学院を愛し、生徒たちを想っていたのか、その気持ちはきちんと伝わっています！

## 鞠莉が決断したAqoursの先に続く道

卒業後、海外の大学への進学を決めた鞠莉は、理事長の業務やスクールアイドルの活動の合間をぬって自動車免許を取得。ふだんの彼女よりちょっとオトナっぽく見えるその瞳には、Aqoursの先に続く彼女だけの道が見えています♪

## 夕焼けに染まる"卒業式"は涙と愛がいっぱい♪

理事長として、3年生に卒業証書を授与した鞠莉。式を終えて戻った理事長室では、果南とダイヤから生徒一同の想いがこもった卒業証書を受け取りました。それまで懸命にガマンしていた涙がホロリ……。よかった♡

*理事長から1人の卒業生へ戻る瞬間……*

▲理事長であると同時に卒業生——そんな彼女への感謝とねぎらいを込めたサプライズ！ 心が通じるってこういうことだね!!

**Profile** ■所属：浦の星女学院3年生 ■誕生日：6月13日 ■血液型：AB型 ■身長：163cm ■趣味：スポーツ、乗馬 ■特技：柔軟、歌 ■好きな食べ物：コーヒー、レモン ■嫌いな食べ物：納豆、キムチ

♪ Mari Ohara ♪

### 鞠莉の Shiny Shiny Schooldays☆

MARI'S ALBUM

UP

DOWN

いつも前向きに、大事な夢は海に飛び込んでもあきらめない！タフ＆ポジティブな鞠莉が過ごす毎日には、ブリリアントな"シャイニー"がいっぱい♪ 理事長を兼任しつつスクールアイドルとしても活躍した彼女の激動の1年をアルバムにしてお届けします♪

1 ついに"2ndシーズン"スタート！カッコイイポーズを決めるのも理事長の仕事♡

2 アメリカではめずらしい"穴の開いた硬貨"に興味津々。もしかして初対面かも!?

3 美術館にありそうなギリシャ風彫刻も、鞠莉にかかれば単なる"首置き"に!?

4 閉校祭でも"シャイ煮"をふるまっちゃいます♪ 今回のレシピは原価おいくら!?

5 かわいい後輩3人をマイホームにご招待！小原家のもてなしで、トリコリコに!?

6 あの日、見つけられなかったシャイニーを探してドライブ。今夜はきっと見つかる！

7 親睦を深めるため(!?)の温泉タイム。大人っぽいルーズなまとめ髪もお似合いです♪

8 果南、ダイヤと星を探して。幼いころはけっこう泣き虫さんだったみたい。

9 ナニがナンでも寝る！ そんな強い意志を感じる、カモフラージュ二段構えの荒技。

10 うまくいかずテヘペロ。仲間を心配させまいと明るく振る舞うクセ、バレてます！

11 寒すぎてもうダメ……。果南がいなかったら天国行きだった!? いや、今も天使か♡

鈴木愛奈さんが選ぶ
鞠莉が輝いた"あの時"
CAST'S ❾ CHOICE

大切なことは、言葉にすること……
鞠莉の伝えようという意思に
深く共感した
鈴木さんが選ぶ、
"シャイニー"な瞬間はコレ！

## CHOICE 1 — 感謝への想いをきちんと口にした淡島遊歩トンネル

私が一番印象に残っているのは、第10話の淡島遊歩トンネルのシーンですね。鞠莉、果南、ダイヤはきっと幼いころから来ている場所だから、当時はどんな感じだったのかな、今と同じようにハグし合っていたのかな……など想像がふくらんで。3人がいっしょに過ごした時間の長さをあらためて感じて、感動しました。そのあと、「一度しか言わないからよく聞いて？」と、鞠莉が果南とダイヤへの感謝の気持ちをあらためて口にしてくれたシーンも、とてもよかったです。

ふだん、こういうことを自分から言うのはちょっとはずかしいじゃないですか。でも、大切なことはきちんと言葉にしないと、伝わらないこともあるわけで。鞠莉が抱く2人への想いが伝わってきて、胸がジーンとしましたね。

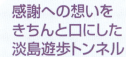

▲▶近すぎて、言葉足らずになる率が高い3人。だからこそ伝える大切さに気づきます。

## CHOICE 2 — メタル好きな鞠莉の個性が光るシーンが好き♪

鞠莉らしいコミカルさが印象に残ったのは第2話。3年生と1年生で「ラブライブ！」の予備予選で歌う新曲を考えている時に、鞠莉が大音量で自作のヘヴィメタルを再生して「イエ～イ！」とハジけているところ（笑）。果南とダイヤが「体が動かしたくなる曲」などと会話している裏側で、鞠莉はアドリブで自由にしゃべらせていただいたので、私自身も演じていて楽しかったシーンです。今まではお見せする機会が少なかった彼女がメタル好きという一面を、TVアニメでも観られたので、ここもすごくお気に入りのシーンです。

## CHOICE 3 — 「MY舞☆TONIGHT」でエアギターを弾く姿がいい！

第3話の「MY舞☆TONIGHT」のライブパートで、エアギターを弾いてる鞠莉も好きです！ 1年生の個性と3年生の個性が1つになって生まれた曲の中で、振りつけの中に鞠莉の好きな部分を出せたのはよかったです。あと、太ももがいいですよね（笑）。ライブパートの映像は、私もオンエア時に初めて完成したものを観たのですが「これはめちゃちゃいい！」と思いました（笑）。

また、第7話の挿入歌「空も心も晴れるから」も感動的でした。ダイヤに支えられながら一筋の涙を流す鞠莉の姿に、彼女のそれまでの苦労と頑張り、そしてそれが報われなかった辛さが痛いほど伝わってくるシーンでした。

▲第3話のライブパートの見どころは、自分らしくエアギターを弾く鞠莉……と、その美しいふともも!?

# 離れていても心はいっしょ！

## キャストが選ぶ名場面＆スタッフの心に秘めた想い

### 3年生と過ごした日々

離れてもいっしょ!!
同じ空の下でつながる
幼なじみの固い絆

▶絆を確かめ合った淡島遊歩トンネルは、3年生屈指の名シーン。浦女を卒業したら離ればなれだけど、これで大丈夫だよね♡

「ラブライブ！」決勝のあとに卒業を控えている3年生。残された時間を、どう悔いなく過ごすのか――。2年前に一度、心がバラバラになってスクールアイドルを諦めたことがある3人だけに、お互いの存在を認めて大切にする姿には胸を打つものがありました。

**諏訪ななか**
相談しないのが3人の信頼の証!?

淡島遊歩トンネルでそれぞれの進路を報告し合う第10話は、3年生らしくてよかったですね。お互いになにも相談せずに未来のことを決めていて、その結果だけ伝えるところが……。そのあとでの果南の「ハグしよ？」には、果南の強い願いを感じました。これからは幼いころのように懐中電灯（？）では呼べない距離になってしまうけれど、どんなに離れても心はいつもいっしょ――。そんな気持ちが彼女の胸にあったのかなと思います。

携帯電話などではいつでも話せるんでしょうけど……。そういえば、果南は劇中で携帯電話を手にしているシーンがなかった気がします。もしかして携帯を持っていないのかも!?　……そんなことあるんですかね？　もしそうだとしたら、海外に行く前に鞠莉が用意したものを手渡されそうですけどね（笑）。

---

**スタッフの制作ノート for 3年生**

**YUHEI MUROTA**
**室田雄平**
●キャラクターデザイン
別れを予感させる深みのある関係が好き

3年生のエピソードでは、やっぱり第10話が好きですね。星座早見表を持って星を探しに行くけど、雨が降ってきてしまって。「ずっといっしょにいれますように」と、流れ星に大事なお願いがしたかった鞠莉が涙を流してしまうシーンですね。幼い日の3人が大人たちの目を盗んで、"冒険"しているシーンが心にグッときます。ああいう子供時代、いいなって思うんです。2期の3年生は、下級生の子たちと違って卒業という別れの予感があり、それぞれの道を歩んでいく――大人になっていく姿に人間関係の深みが感じられて好きですね。僕自身、総作画監督として参加していますが、人間ドラマとして共感のできるものだったので描きやすかったですし、やりがいもありました。

この第10話の制作を振り返ると、きまって思い出すのが1期で3年生たちがAqoursに加入した第9話の制作風景です。作画監督さんたちや作画スタッフが本当にがんばってくれて「3年生を輝かせたい」「この話数が受け入れられなかったらもうダメだ!!」というくらいの熱い気持ちで作業していたんですよ。あの時のみんなのがんばりが"イマ"につながっているのだと思うと、本当に感慨深いです。

**KAZUO SAKAI**
**酒井和男**
●監督
もう一度仲間を信じて最後まで行動できたのが魅力

3年生はあの世界で一番スクールアイドルに詳しい子たち。スクールアイドルの先輩たちの未来――成功して活躍する子もいるけど、自分たちはそうならないかもしれないという事実を知っている。それを自分たちの身に置き換えて、リアリティーを持ってスクールアイドルに挑んでいたのが3年生です。だから「ラブライブ！」で優勝した自分たちの中に、キセキを感じたんじゃないかと思います。3年生は自分たちを信じ切れなくて、関係がうまくいかなかったグループでもあって。辞めてしまうのは簡単なんです。でも、もう一度、誰かを信じて最後まで行動できたことが、3人の一番の魅力ではないかと思います。TVアニメ1期の第9話で戻ってきたというのが、彼女たちの成長そのものです。

2期第6話で「MIRACLE WAVE」のダンスフォーメーションを千歌に託す話があります。果南の不安が見えたけれど、メンバー全員で協力して乗り越えました。果南、鞠莉、ダイヤにしたら、越えてほしいような、越えてほしくないような……というのが本

◀ μ'sの大ファンで、知らないスクールアイドル知識はない!? 最初、千歌が生徒会長のダイヤにスクールアイドル部の設立をお願いしに行った時の、毅然とした猛反対っぷりが今となっては懐かしい。

旧網元のお嬢様は
根が真面目だからこそ
ハジけてしまう時も!?

瞳を閉じてもあざやかに息づく想い出たち——

### 小宮有紗
**ハジけるダイヤは私の影響かも!?**

卒業式が描かれた第13話、ダイヤと果南が理事長として奮闘した鞠莉に卒業証書を渡すシーンに感動しました。鞠莉だけにではなく、3年生の3人に向けて「本当によかったね、がんばったね」と心の中で語りかけてましたね。私たちキャストはお芝居をしなければなりませんので、涙をこらえながらの演技だったことを思い出します。

ダイヤは、鞠莉が海外に留学していた間も、果南が休学している間も、生徒会長として1人で浦女を守り続けてきました。なので、学校への思い入れや、最後まで守り抜きたいという気持ちはひと一倍強かったのではと——。

そんなしっかり者である一方、閉校祭では「ラブライブ!」のマニアックなクイズ企画を考え、実行しちゃうのもダイヤという女の子で……（笑）。ダイヤ役のオーディションを受けた時に拝見した資料には「厳格で威厳のある子」というような設定があったと思うのですが、今のような子になったのは、もしかしたら演じている私のせいでしょうか!? でも、こういう一面もあるほうが年頃の女の子らしいかもしれませんね。マジメで一途だからこそ、一気にヘンな方向に走っちゃうこともあるんです（笑）。

### 鈴木愛奈
**鞠莉の本心にふれられない痛み**

私は第13話で鞠莉が果南とダイヤから卒業証書を受け取るシーンが忘れられません。一度はためらって、おずおずと受け取って、それまでのすべてに「ありがとう」と感謝して……。そのあと、理事長室を退出する時に彼女の口から出た「さようなら」は、演じさせていただいた私自身でも完全には理解がおよばないほど深いものだと思っています。

鞠莉はスクールアイドルが大好きで、みんなのことが大好きで、もう一度Aqoursをするためにわざわざ留学先のアメリカから帰って来たんですよね。でも結局、浦の星女学院は統廃合されることになってしまって……。数え切れない思い出をすべて胸にしまって、新たな一歩を踏み出す鞠莉の気持ちを思うと無性にいたたまれなくなりました。「私も彼女の気持ちをいっしょに背負ってあげたい、でも私にすべてを背負ってあげることがはたしてできるのか」と感じ、悩んだシーンでした。

劇中で描かれていることが彼女たちが過ごす毎日のすべてではないので、きっと私たちの知らない日常もたくさんあったのだと思います。そうした思い出の1つ1つが、鞠莉の脳裏をよぎっていたはず。そこに想像で寄り添うしかない私には、もどかしさや苦しさを感じたシーンでもありました。

---

心だったと思います。私たちだけの大切な時間であってほしいけれど、止まった時間を進めるためには千歌たちの力を借りなければいけない……。3人で達成できなかったジレンマを託さなければいけないという悔しさもある。3人でスクールアイドルとして成功していたら、仲違いもせず、学校も統廃合せず、違った未来があったかもしれない。そんな複雑な気持ちが混ざり合ったまま、後輩たちに接していたんです。だからこそ、最後の「ありがとう」があるんだと。

また、3年生は同級生の幼なじみで、絆が一番深いゆえに感情がストレートに出てしまうため、喧嘩になることが多いです。一方、2期の第4話ではダイヤの嘘が鞠莉と果南に一瞬でばれてしまう。ダイヤは気づいてほしいから、チラチラと2人を見つつ（笑）。

あと、他の学年よりも圧倒的にボディランゲージが多いです。言葉よりも体現してきた3人だから。千歌は言葉で悩んでしま

うところがあるけど、3年生は行動で示してきました。だから言葉が足りなくて、本心が見えなくなってしまう時があるんです。

第10話で進路を別々に決めたのも、言葉で伝えても仕方のないことだとわかっているからです。離れていても、この3人の誰かが世界のどこかで困っていたら、全力で助け合うと思うんです。だから安心して未知の世界にチャレンジできるというのが答えなんじゃないでしょうか。

第12話で千歌がメンバー全員にインタビューした時、果南は「これで清々しだよ」と言います。本心はホッとしていたのだと……。自分の実力以上のものが「ラブライブ!」では出せた。彼女にとって"輝き"を求めることは、己を壊すことの連続だったのかもしれません。新しいなにかを始める時は、古いなにかを壊さなければいけないと。それは人間関係だったり、頑固な自分だったり。素の果南は自分の世界を守りたいタイプだか

ら、どんなに新しい水が流れ込もうと、どんなにぶつかろうと、かたちを変えても変わらない存在、つまり"海"を見てホッとしたのだと思うのです。夢を見て、心から願ってやっと"ここ"へ届いた。自分も変えて清々しだし、ホッとした。それに尽きると思います。

## SUNSHINE♪ MEMORIES vol.1

### 2nd LIVE TOUR

名古屋・神戸・埼玉――全国3都市をめぐったAqours初のツアーライブ!!

3rdシングル「HAPPY PARTY TRAIN」をツアータイトルに冠したAqoursの2nd LIVE TOURが全国3都市にて開催！ デビュー2周年を迎えた夏、初のツアーを全力で駆け抜けたキャスト9人のライブの模様を埼玉公演からお届けします♪

**1**

◀センターの果南をはじめとしたメンバーが、名古屋、神戸と続き3つ目の停車駅・埼玉に到着♪

### HAPPY PARTY TRAINに乗ってAqours登場！

オープニングでは、機関車に乗って駅へと向かうAqoursのアニメーションが流れた直後、蒸気を上げる機関車に乗ったキャストがステージに登場！ 松浦果南役の諏訪ななかさんがセンターを務める「HAPPY PARTY TRAIN」を歌いました。エメラルドグリーンの光を放つレールや電飾で光る衣装を着て踊る9人に、会場を埋め尽くしたファンは大喜び♪ PVの美しい光景が現実になった瞬間をみんなで共有しました。また、2ndシングルの「恋になりたいAQUARIUM」がPVと同じデザインの衣装で歌われたのは、本ツアーが初めて！ こうして、サプライズとハッピー満載のライブが幕を開けたのです。

**2**

### デュオトリオコレクションの楽曲が観客を魅了♡

埼玉では名古屋・神戸公演とセットリストが変わり、「デュオトリオコレクション CD VOL.1」の楽曲を披露。それぞれの組が個性あふれる美しい衣装を身にまとい、会場を沸かせました。実はこのドレスには、向かって左の写真から、インフェルノフェニックス、ハリケーンブロッサム、ユニコーンブリザード、トワイライトタイガーというイメージ名があるんです。電撃G'sマガジンの投票企画で各組の衣装イメージが決まりました♡

**3**
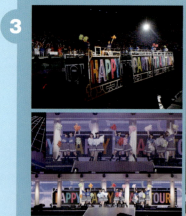

▶踊るみんなの中心で、伊波さんが威勢よく和太鼓を叩きます！

### 会場から熱いアンコール!! 最後はハッピ姿で踊る♪

アンコールのPVで千歌たちが"HAPPY"なハッピに着替えると、キャストもハッピ姿で登場!! そして伊豆・三津シーパラダイスからのスペシャルゲスト・うちっちーと「サンシャインぴっかぴか音頭」を歌い踊り、お祭り気分は最高潮に♡ 最後まで楽しさと驚きでいっぱいのライブツアーに、ファンのみんなの笑顔も弾けっぱなしでした。1st LIVEから次のステップに進んだ9人のさらなる活躍に期待です♪

---

**ラブライブ！サンシャイン!! Aqours 2nd LoveLive! ～HAPPY PARTY TRAIN TOUR～ 埼玉公演**

■日　程：2017年9月29日（金）、9月30日（土）
■会　場：メットライフドーム
■出　演：Aqours（伊波杏樹、逢田梨香子、諏訪ななか、小宮有紗、斉藤朱夏、小林愛香、高槻かなこ、鈴木愛奈、降幡愛）

THEME SONGS & ALL INSERT SONGS

# SONG FOR YOU!!

歌の力を信じて ●Aqoursキャスト　Saint Snowキャスト

酒井和男【監督】　室田雄平【キャラクターデザイン】　畑 亜貴【作詞】　加藤達也【音楽】

主題歌＆挿入歌紹介 ●酒井和男【監督】　畑 亜貴【作詞】

特別企画 ●Aqoursキャスト

母校を代表して華やかなステージに立つスクールアイドルは、
全国の生徒たちの憧れの的♡　そのグループが有名になれば、
学校の知名度が高まって入学希望者も増えていく可能性が
あるほどの人気ぶりなのはご存知のとおりです。
そんなスクールアイドルにとって、
歌は自分たちの存在をアピールするだけのものなのでしょうか。
心の奥からあふれだす、願いよりも強いなにかが、きっと……。
聴く人を惹きつけて止まない歌声の根底にあるものは──？
ここではその〝歌〟に注目し、
TVアニメ2期の楽曲の魅力に迫っていきます。

# 歌の力を信じて

## 15人が語る音楽への想い & TVアニメ2期全楽曲紹介

歌やメロディーに大事な想いを乗せて届けてきたAqours。TVアニメ2期でも、そんなシーンがたくさんありました。歌や音楽には、大切な誰かと誰かをつなぐ"力"がある——。では、TVアニメ『ラブライブ!サンシャイン!!』を作り上げたAqoursキャストとスタッフは、歌にどんな"力"を感じているのでしょうか。2期の全楽曲紹介と合わせて読むと、さらにみんなが信じた歌の力が伝わってくるはず♪

---

### 伊波杏樹 — 高海千歌役 *Anju Inami*

私は千歌役をいただく前から、『ラブライブ!』という作品が大好きでした。あの胸躍る物語を通して、歌の力を信じることを教えてもらった1人だと思っています。信じればどんな夢でも叶う……わけではないのかもだけど、信じないことには始まらない。大切な想いが届くと信じて一歩を踏み出すことが、夢の実現への道なのだと教わりました。だから私も、歌にはそういう力があると信じて、それがAqoursを応援してくださるみなさんはもちろん、Aqoursを知らない人にも届けばうれしい……。いつもそう思って歌わせていただいています。

また、私は舞台のお仕事をすることもあるのですが、開場から開演するまでの"客入れ"の時間、会場に流れる曲が私のモチベーションを上げて、役に入るためのスイッチにもなるんです。『ラブライブ!サンシャイン!!』のライブやLIVE & FAN MEETINGでも、冒頭でAqoursのロゴの表示、そしてメンバーの自己紹介に合わせて曲が流れますよね？ それが、私が千歌になるためのスイッチでもあったり。なので、私はプライベートでは、Aqoursの曲はあえて聴かないようにすることもあるんです。千歌のスイッチを入れなくてよい時に、つい入れてしまったりするので……（笑）。こういうのも、歌や音楽の力っていえるんじゃないかな。

---

### 逢田梨香子 — 桜内梨子役 *Rikako Aida*

私自身、プライベートではよく歌や音楽を聴きますね。お仕事の移動中に聴いたり、考え事をしている時にかけたり。さまざまなアーティストのライブにもよく行きます。そうやって音楽にふれていて思うのは、やっぱり歌には人を勇気づける力、背中をそっと押す力がある、ということ。だから、私がAqoursの一員として歌わせていただいていて、ファンのみなさんから「Aqoursの曲を聴いてがんばっています」と言っていただけると、私にも誰かを勇気づけることができているかな……と、なんだか照れてしまうような、うれしいような、不思議な気持ちになり

ます。
　私は歌うのが好きです。歌に自信がある……とはまだいえないのですが、歌もお芝居も本質的には同じものと考えているので、梨子ちゃんとしてなら、私にもそんな力のある歌が歌えるかもしれない……。いつも、そんなふうに思ってライブやレコーディングに臨んでいます。

### 諏訪ななか（松浦果南 役） Nanaka Suwa

　Aqoursの曲は、1曲ごとにその曲を通して伝えたい想い、その曲に込められた想いがあります。なので、新曲をいただいたら、歌詞の意味はもちろんだけど、そこに込められた想いをどう伝えようかと考えるようにしていますね。果南自身、物事をハッキリ言うわりには、自分の想いは口にしない……みたいなところがありますしね（笑）。「未熟DREAMER」は、彼女のそんな一面が感じられる曲だと思います。果南がセンターを務めさせてもらって、歌い出しもソロになっている「HAPPY PARTY TRAIN」は、ライブで初披露する時にすごく緊張したのを覚えています。どの曲も本気で取り組むのはもちろんですが、この曲は特に「私がしっかりやらなくちゃ！」という想いが強かったですね。
　私が歌の力を意識するようになったきっかけは、小さなころに親に連れられて行ったミュージカルでした。生のダンスと歌にすごく衝撃を受けて、「こんな楽しい世界があるんだ！」と思いました。その時はまだ、声優になりたいとは思っていませんでしたが、子供の私を歌好きにするには十分な体験でした。
　今、私はAqoursにいることで、イベントでみなさんとお会いしたり、ライブで歌ったり、いろいろな経験をさせてもらっています。これもまた、人と人をつなぐAqoursの曲の、歌の力が導いてくれた絆なのかなと思っています。

### 小宮有紗（黒澤ダイヤ 役） Arisa Komiya

　私にとってはAqoursの曲がどれも共感できて歌いやすく、特に畑さん（畑亜貴氏）の書かれる歌詞が私たちの心情をピタリといい当てているので、いつもキャストのみんなで「畑さん、こわい！」と驚いていました。TVアニメ2期も、挿入歌の1つ1つに深い意味が込められていたのが心に残っています。第3話の「MY舞☆TONIGHT」は「これはダイヤの曲でもある」というアドバイスを胸にレコーディングに臨みました。第9話の「Awaken the power」も、妹のルビィがダイヤを想って作ってくれた曲で、特にお気に入りの1曲です。やっぱり、その時の想いを伝えることができるのが、歌の魅力ですし、そういうパワーを感じます。
　私は最初、歌うことに苦手意識を持っていたんです。クラシックバレエの経験があるので、ステージに立つことは慣れてましたが、歌はそうもいかず……。ですが、ライブやLIVE&FAN MEETINGを重ねるたびに、それこそTVアニメで奮闘するダイヤたちのように、「あれ、私にもできるのかな……？　ううん、ちゃんと練習すればできるんだ！」と手ごたえを感じるようになって。今は課題の発見と改善の日々です。たとえばダンスだったら、朱夏やあいきゃん（小林愛香さんの愛称）が特にうまいので、「どうしてこんなにうまいの？　効果的な見せ方は？」と、研究しながらこっそり彼女たちを見ています（笑）。歌の力を最大限に発揮するのは、よいパフォーマンスも必要だと思うのでがんばります！

### 斉藤朱夏（渡辺 曜 役） Shuka Saito

　ルビィちゃんがダイヤさんへの気持ちを込めて歌ったり、閉校祭で統廃合が決まった学校への想いを込めて歌ったり……。私は、歌には気持ちをつなぐ、いろいろな力があると信じています。その最たるものが「言葉だけでは伝えきれないものを伝える」、「1つの物語を伝える」ことじゃないかな。Aqoursの歌を聴いて、作中でその曲が流れたシーン、ストーリーを思い出してもらえるかが大切ですね。そこに込められたものを体や心で感じたいし、感じていただけたらうれしい!!
　私が歌っている時は、響き合ってほしいのは心なので、いつもみなさんの心に〝ズドン！〟と感じてもらえるような歌をお届けしたいなって思っています。
　小さいころって、周囲の大人が「すごいね！」と笑ってくれたり、ほめてくれたりするじゃないですか。私がその喜びを知ったのがダンスと歌で、それが今につながっています。だから今もファンのみなさんが拍手をくださったり「ありがとう」「楽しかった」と言ってくださるのがとてもうれしくて……。それが私の原動力になりますし、歌の持つ力なのかな、と。『ラブライブ！』は〝みんなで叶える物語〟。ライブは私が私の夢を叶える場所なのではなく、みんなでいっしょに夢を叶える場所なんだ、という気持ちをいつも胸に抱いています。そのみんなをつなぐ大切なものの1つが、歌だと感じています。

### 小林愛香（津島善子 役） Aika Kobayashi

　私は幼いころから歌って踊るのが好きで、歌は日常の一部、生活の一部といえるような存在でした。「歌が好き」「歌で想いをみんなに届けたい」――。いつのころから、そんな想いを抱いて、自然と歌手を目指すようになったんです。時に私の原動力となり、時に聴いてくださった誰かの勇気にもなれる……。歌にはそんな明確な力があると感じます。これまでのAqoursの活動を通じても、何度もそれを実感しました。
　『ラブライブ！』は物語が進む中で、その時々の気持ちを歌に乗せて届けるのがすごく魅力的ですよね。曲だけを聴いた時と、物語にふれながら聴いた時とでは、同じ曲なのに受ける印象が大きく変わりますから。私としては、TVアニメ1期第6話の「夢で夜空を照らしたい」が特にそうだと思っていて。内浦を想うみんなの気持ちが込められた、ステキな歌になったと思います。
　歌詞の力、メロディーの力。そこに込められた物語やAqoursのみんなの気持ち……。聴いていて、そういうものがずっと体に入ってくるのがAqoursの歌の魅力であり、Aqoursの歌の力なのかなって。プライベートでもAqoursの曲をよく聴きますが、歌っている側の1人である私もジーンときちゃいますね。

### 高槻かなこ (国木田花丸役) Kanako Takatsuki

アニメ、漫画、ゲーム、ドラマ、映画……。私はそういう現実とは異なる世界に没頭するのが好きで、ある意味では花丸ちゃんと似ているかも。歌うことは私も昔から大好きでしたが、本格的に歌の道を目指そうと思ったのは、アニソンとの出会いがきっかけでした。アニソンはその名の通り〝アニメのテーマソング〟。曲の中に１つのストーリーがあり、それが作品の魅力を引き出してくれて、聞き手を一気にその世界に入り込ませる力があります。その力に魅せられて、アニソン歌手になりたいと強く思うようになりました。現実を越えられるのも、歌の魅力だと思っています。

高槻かなことして歌う時は、私自身が歌が持つストーリーの主役となって歌えれば……と思っていますが、Aqoursとして歌わせていただくときは、私個人ではなく、いかに花丸ちゃんの想いを届けるかが大切ですね。でも、歌い方には絶対も正解もありませんから、私がどれだけ心がけていても「これはきんぐ（※高槻さんの愛称）の地声だね。花丸として歌えてない」というお声をいただくこともあるんです。そんな時は、とても悔しくて、歯がゆくて……。花丸ちゃんとしての歌をみなさんにお届けできるよう、もっともっと実力を磨かなくては、といつも思っていますね。

### 鈴木愛奈 (小原鞠莉役) Aina Suzuki

小さなころから歌とアニメが大好きで、当時は祖母の影響で民謡を歌っていましたが、「将来はアニソンシンガーになれたらいいな」と、ずっと思っていました。でも、自分の声にコンプレックスがあって、それはきっと叶わないだろうとどこかで諦めている私もいました。今思えば、自信がなかったんですよね。中学、高校時代に落ち込んだ時も、私を勇気づけてくれたのはアニソンでした。アニソングランプリで入賞してからは、「自分の声をコンプレックスだなんて思うのはやめよう、きっと私だからこそ歌える歌があるはず」と一念発起して今に至ります。『ラブライブ！サンシャイン!!』の

オーディションでは、ずっと習ってきた民謡を歌いました。民謡で培った技術がなかったら、あの時にアニソンに勇気をもらっていなかったら、きっと今、私はここにいません。歌は私の人生を導いてくれました。

私が歌で少しでもAqoursのみんなを引っ張っていきたいし、ファンのみなさんに元気をお届けできればと思っています。音楽は心を晴れやかにしてくれるし、言葉では伝えられない気持ちもメロディに乗せて届けられますね。歌えば歌うほど、歌の力は無限大なんだといつも感じています。私を想う場所へ連れて行ってくれる翼のようだと思っています。

### 降幡 愛 (黒澤ルビィ役) Ai Furihata

私は、歌はあまり得意ではないといいますか、むしろ不得意といいますか……。メルパルクホールで初めて歌った時（※注）、緊張しすぎてしまってあまりよく覚えておらず、そこで歌ったという感覚があまりなかったくらいです。でも、ライブやイベントの経験を重ねていくうちに少しずつ慣れてきて、みなさんの顔も見られるようになってきて。そんな時、ふっとわかったんです。「歌の力って、歌で通じ合うって、こういうことなんだ」って。

もちろんそれは、畑先生（畑亜貴氏）の歌詞の賜物でもあって。Aqoursの曲は言葉遊びが楽しいだけじゃなく、「私の想っていることが、なんでそのまま歌詞に書いてあるんだろう？」と驚かされることがたくさんあったんです。本物の気持ちが詰まっている。だからきっと、私だけではなく聴いてくださるみなさんにも共感してもらえるのだろうなと。2017年の11月から2018年の3月にかけてLIVE & FAN MEETINGで、さまざまな地域を回りましたが、その時の体験も強く印象に残っています。どの会場でも、いっしょに歌ってくださるみなさんの熱量がすごくて涙が止まりませんでした。その場、その場で思いを重ねて、通じ合って……。それでわかったんです。歌は得意や不得意でくくるものではなく、コミュニケーションの方法でもあるんだなって。私はそれを大事にして歌っていきたいです。

### 田野アサミ (鹿角聖良役) Asami Tano

私は「気持ちをぶつけるラップは歌の始まりである」という言葉を聞いたことがあります。Saint Snowの曲にも理亞役・日向のラップがあるのですが、まさに心の叫びをそのままぶつけるのが鹿角姉妹の歌だと思っています。私たちの歌を聴いたみなさんが「よし、明日もがんばろう」と思ってもらえるような……。私たちの曲が、聴いてくれている方のいろんなパワーになったらうれしいですね。

また、Saint Snowの曲はキーがすごく高くて、聖良と理亞が限界ギリギリの高さで歌うのがまたカッコイイんです。それが本当に心の叫びを届けている感じがして、レコーディングの時は聖良の想いを届けたいと願いながら歌いました。私が歌う聖良だからこそ、魅力的な歌になったと感じていただけたらと願っています。4月に函館にユニットライブがありましたが、またどこかでSaint Snowの〝歌の力〟を感じられる場があったらいいな！

### 佐藤日向 (鹿角理亞役) Hinata Sato

実は私、もともとすごくオンチで……。幼稚園や小学校の時、あまりにオンチなので学校の先生が心配して親が呼び出されるほどでした。そんな過去があったので、歌に関わるお仕事を目指すことに両親は猛反対！ 私はあまのじゃくの負けず嫌いなので、反対されるほど燃えました。なにより歌が好きだし!! でも、ボイストレーニングの先生からは「あなたの歌はまるで棒読み」と指摘され続けて。そこで歌詞を紙に書き出して、まずセリフのようにそれを全部覚えたうえで、これが演劇のセリフだったらどう演じるか、というのを考えてから歌うようにしたんです。

歌が大好きだったので、どうしても諦められなくて。歌にはオンチな女の子を「それでも歌いたい!!」と奮起させるぐらいの楽しさがあります。あそこで諦めていたら、アサミさんやAqoursのみなさんと歌う未来もなかったはず。Saint Snowの曲は、ラップもあって私には挑戦以外のなにものでもないのですが、歌詞や曲に乗せた私の気持ちが伝わっ

※注　2016年１月11日にメルパルクホールで開催された、1stシングルの購入者限定イベント「ラブライブ！サンシャイン!! Aqours スペシャル課外活動 みんな準備はできてるかい？～せーのでSUNSHINE!!～」のこと。

たらいいな、と願いながらいつも歌っています。

### 酒井和男 監督 Kazuo Sakai

好きなアーティストの歌を聴くと、その曲がリリースされた当時の自分の気持ちや体験が、一瞬にしてよみがえるのが好きです。歌ってその人の人生とリンクするじゃないですか。受験の時、部活の決勝戦の前に聴いた曲、就職して初めて買ったアルバム……。聴くと今でも当時のことを鮮明に思い出します。アニメーション作品の場合でも、主題歌や挿入歌を聴くと観ていた当時の忘れていた記憶がリマインドされる時もあります。だから歌は作品にとって特に大事なものだと思うんです。こういう仕事について、Aqoursの曲に携わらせていただいている中で思うのは、ファンのみなさんにとって、忘れられない1曲をお届けできているといいな、と。みなさんの人生を彩る1曲に、Aqoursの歌がなっていたら幸いに思います。

### 室田雄平 キャラクターデザイン Yuhei Murota

音楽、音の力は「世界を変えられる唯一のエンターテイメント」だと思っています。それゆえ、使い方を間違えると、表現として違った意図に伝わってしまうのですが……。『ラブライブ！サンシャイン!!』の場合は、その音の使い方がとても秀逸だったと感じています。加藤（達也）さんが手がけた劇伴そのものがすばらしいのはもちろん、監督の酒井さん、音響監督の長崎（行男）さんが、絵の演出と音楽の融合にとても気を使っているのが伝わってきて、心に突き刺さるシーンが見られましたよね。Aqoursには"これぞスクールアイドル"という曲から、多彩なジャンルの曲があって。新しいスクールアイドルの可能性を感じる曲を聴きたいなと思う気持ちがありましたので、いちファンとして楽しませていただいています。

個人的な体験としては、行きづまったり、モヤモヤした気持ちを抱えてしまった時は、思うままに音楽を聴きながらひたすら歩くのがストレス解消といいますか、目の前に問題を解決する1つの手段になっていたりします。そういう意味では僕自身も音楽に救われてるんだと思います。

### 畑亜貴 作詞 Aki Hata

小さいですが、自宅に防音のプライベートスタジオがありますので、ストレスがたまった時はそこでよく歌います。防音扉を締めたら、爆音で（笑）。ピアノを弾きながら心のままに歌ったり、「この流れで1曲、作っちゃうか！」みたいな感じの時もあったり。自分以外、誰も聴くことがない曲を作るなんて……。ムダ？贅沢？でも、そんなムダっぷりが、また楽しいんです。とにかく、歌うと心がスッキリします。これを読んでいる方の中にも、カラオケでストレス解消をされる方がいると思うのですが、それと同じ感覚だと思います。

曲を聞いて心を動かされる時、やっぱり音楽や歌はステキだな、と再確認するんです。恋をしてなくても、恋をした気分になれる。もう青春は過ぎていますが、いつでも青春時代に戻れる。どこへでも行けるし、なんだったら時空だって超えちゃう。それが魅力ですよね。

### 加藤達也 音楽 Tatsuya Kato

僕は作曲や編曲を仕事としていることもあり、どんな時も音楽とともにある人生を歩んでいます。自宅で食事をする時ですら、直前まで作っていた曲をスマートフォンで再生してしまうので、家族はいい迷惑かもしれません……（笑）。そんな環境にいるので、いざ音楽の力ってなんだろう？と思うと、むしろ考え込んでしまう。鏡に近づきすぎると自分の姿が見えないように、僕にとって音楽との距離が近すぎるのだと思います。

最近は"無音の力"を感じる時はあります。日常生活で"無音もまた音楽である"と実感する瞬間があって。たまに音楽を切って静かな環境でのんびりしていると、動物や鳥の声、葉っぱのざわめく音などが聴こえてくるんです。メロディーがなくとも、リズムのようなものを感じて、心を震わせてくれます。「ああ、これもまた音楽だな」と。

こうした経験は『ラブライブ！サンシャイン!!』の音楽にも生かされていて、劇中のあるシーンにどの音楽を合わせればいいかを考えていたら、音響監督の長崎さんが「そこはむしろ曲がないほうがいいかもね」とおっしゃってくれたことがあって。実際に試してみたら、確かに曲なしのほうが一番しっくりきました。

大きな枠組みで見れば、劇伴がないところも1つの音楽になっていると思うんです。前の曲とその後ろの曲をつなぐ、無音という音楽。それを大切にすることで、新たに生まれる演出の可能性を感じますね。

また、ふとした時にまだキャリアが浅いころに書いた曲を聴き返すことがあります。今聴くと技術的に稚拙なところもありますが、その時にしか込められなかったエナジーやその時代だからこそ込められたものもあって、一概に否定できるものでもないなと思いました。劇伴にもその作品が制作された時代の空気感が込められていてしかるべきだと思うので、そうした面は常に追求しています。音楽でその作品をいかに輝かせられるか。その作品や映像が持っている輝きを強調して、増幅させることができるか。いつもそれを念頭に作曲させてもらっています。そうして生まれた音楽が、また違うところで聴いてくれた誰かの背中を押したり、心の支えになっていたりしてくれたら、それはとてもステキなことだなと思っています。

### 2期オープニング主題歌

## 未来の僕らは知ってるよ

TVアニメ2期の幕開けを告げるオープニング主題歌は、夢を追うAqoursの魅力が詰まったハッピーソング♡ 華やかなライブシーンや日常のひとコマ、内浦の海などのカットが映像に散りばめられているのも印象的です。

■作詞：畑亜貴 ■作曲：光増ハジメ ■編曲：EFFY
■歌：Aqours……高海千歌（CV：伊波杏樹）、桜内梨子（CV：逢田梨香子）、松浦果南（CV：諏訪ななか）、黒澤ダイヤ（CV：小宮有紗）、渡辺曜（CV：斉藤朱夏）、津島善子（CV：小林愛香）、国木田花丸（CV：高槻かなこ）、小原鞠莉（CV：鈴木愛奈）、黒澤ルビィ（CV：降幡愛）

### BACKSTAGE EPISODE　監督　酒井和男

**新鮮な印象を与えるカメラワークに挑戦！**

TVアニメ2期のコンセプトの1つに、今までにやったことのないカメラワークに挑戦するというのがありました。それを最初に実践したのが「未来の僕らは知ってるよ」です。自分の中で禁じ手にしていた画面分割とO.L.（オーバーラップ。前のカットに後ろのカットが重なっていく場面転換方法）を初めて使いましたね。アニメーションをライブで再現するのが『ラブライブ！』の醍醐味なので、今までは現実でも可能なコンテを描いていたのですが、新鮮な印象を与えたくて。室田君のデザインした衣装もかわいいし、始まりの疾走感が伝わる曲が非常によかったので、絵コンテもノリノリで描いていました。自分としては「ハートの磁石を～」という歌詞に合わせて流れる映像が本当にかわいくて気に入っています。

### BACKSTAGE EPISODE　作詞　畑 亜貴

**苦しくても最後はハッピーな Aqoursらしい楽曲に**

主題歌は、どんなタイミングで聴いても納得がいくように作っています。この曲は、"苦しいことがあったとしても、未来の僕らは楽しいこともあると知っている"という内容ですが、それはなにがあってもAqoursはハッピーエンドになるという気持ちを込めて作詞しました。この前向きさは、やっぱり千歌ちゃんの個性からくるものだと思います。タイトルにもある"未来"については、Aqoursが考える未来なので、けっして遠い先の未来ではないんです。自分たちの想像がつく範囲――彼女たちは学生なので、1年生から3年生までの3年単位でしか、具体的な未来は描けないんじゃないかと。だからどんなに長くても3年以内だと考えています。

### BACKSTAGE EPISODE　監督　酒井和男

**ちょっと先の未来を予感させる歌詞に導かれて**

エンディング主題歌のバックに流れている映像は、浦の星女学院が統廃合されて、全部終わってそのあと、千歌たちはどうしているのかな？ と想像して作ったものです。絵的にはその先は描いてないんですけど、畑さんの歌詞がそれを予感させてくれると思っていて……。この勇気というものは、ほめられるだけの感情じゃなくて、時に無謀を呼び、正解のないものを求め、いざやってみると愚行だったりもします。今日はここで終わってしまうかもしれないけれど、明日のことがちょっぴり楽しみ――。どんなに失敗しても目覚めたら違う朝、というのが『ラブライブ！サンシャイン!!』の"心"だと思うんです。明日にちょっと夢見て、ちょっと先の未来を思いながら生きていく。それがこの曲にも描かれていると思います。

### BACKSTAGE EPISODE　作詞　畑 亜貴

**歌詞に乗せた想いとストーリーがリンクして感動**

こちらもオープニング主題歌と同じように、どの話のあとに聴いてもいいように作っています。でも第11話で、みんなで合唱したシーンは、さすがにビックリしましたね！ 制作時に知らされていたわけではなかったので（笑）。歌詞で表現しようと思った想いを、こうしてストーリーにも反映していただけるのは、本当にすばらしいことだと思っています。こういう気持ちで書きました、と話し合ったわけではないのに、歌詞からいろいろなことをくみ取っていただいてうれしくて、監督をはじめ、スタッフのみなさんは本当に信頼できる方々だなと改めて思いました。2期では、特にそういう驚きと喜びが多かったように思います。

### 2期エンディング主題歌

## 勇気はどこに？ 君の胸に！

海辺を走っていく千歌の時間軸と、制服姿で楽しそうに過ごすAqoursの映像が交差するエンディング。美しい夕日の海にたたずむ9人の姿が、夜を越えて目覚める太陽をイメージさせる歌詞とあいまって胸を打ちます。

■作詞：畑亜貴 ■作曲：小高光太郎、UiNA ■編曲：小高光太郎 ■歌：Aqours……高海千歌（CV：伊波杏樹）、桜内梨子（CV：逢田梨香子）、松浦果南（CV：諏訪ななか）、黒澤ダイヤ（CV：小宮有紗）、渡辺曜（CV：斉藤朱夏）、津島善子（CV：小林愛香）、国木田花丸（CV：高槻かなこ）、小原鞠莉（CV：鈴木愛奈）、黒澤ルビィ（CV：降幡愛）

64

第3話挿入歌

# MY舞☆TONIGHT

1年生と3年生が「ラブライブ！」予備予選のために、協力して作り上げた曲。作詞、作曲、衣装作りを6人で分担したのはこの時が初めて！　和の音階と斬新なキモノスタイルで新しいAqoursの魅力を開花させました♪

■作詞：畑亜貴　■作曲・編曲：EFFY　■歌：Aqours
……高海千歌（CV：伊波杏樹）、桜内梨子（CV：逢田梨香子）、松浦果南（CV：諏訪ななか）、黒澤ダイヤ（CV：小宮有紗）、渡辺曜（CV：斉藤朱夏）、津島善子（CV：小林愛香）、国木田花丸（CV：高槻かなこ）、小原鞠莉（CV：鈴木愛奈）、黒澤ルビィ（CV：降幡愛）

情熱の焔が胸を焦がす夜、その舞はあの日から変わらない夢を秘めん。

酒井和男　監督　**BACKSTAGE EPISODE**

**カメラが切り替わる冒頭の絵コンテに監督のこだわりが光る**

ルビィが姉のダイヤのために作った、ラバー仕様の花魁風ドレスがとても印象的です。おとなしそうに見えて、ルビィはちょっと毒のあるデザインが好きなので、随所にそれが現われていると思います。なんといっても、ラバーのキモノですからね！　カメラワークの見せどころは、カメラが9人を追いかけていく冒頭のシーン。「ひとは生まれたはずさ」という歌詞に合わせて、メンバーが切り替わっていくけれど踊りはつながっていくところが腕の見せどころでした。この予備予選が行われた会場は、伊豆市にある狩野ドームを再現したもの。カメラをパンアップすると、美しいドーム状の天井が見えるところも実物といっしょです。

畑　亜貴　作詞　**BACKSTAGE EPISODE**

**踊ることをめいっぱい楽しむAqoursをイメージ**

タイトルは完全に遊んでますね。シンプルに"踊れば楽しいじゃん、うちら"って感じの歌なので、タイトルも楽しく遊んじゃおうかな、と。メンバーみんなでタイトル案を出してる時に、「なにコレ？　MY舞☆とかないわー」とか言いながらも、「でももしかして、1番しっくりこない？」みたいな感じで、じゃれ合いながら決まったようなイメージです。みんなが相談しながら作った様子を想像しながら聴いてもらえるといいなと思って。自分としては2番の「羽みたいに手伸ばして」というフレーズがけっこう好きです。Aqoursのみんなが踊っている時に、楽しくてハイになって、飛べるような気持ちで腕をわっさわっさ動かしてたらかわいいだろう、って思ったんです。そんなイメージで作っていたら、なんと函館のユニットライブで流れた映像の中で、別の曲でしたが、ヨハネに羽根が生えるシーンがあって！　「まさにコレ！」って、1人、心の中でガッツポーズしました。

## BACKSTAGE EPISODE　監督　酒井和男

### Aqoursの原点ともいえる魅力や輝きに出会える

Aqoursのために最初に作ったPVが1stシングルの「君のこころは輝いてるかい？」でした。自分としては『ラブライブ！サンシャイン!!』を作るうえでの指針となっている曲でもあります。第3話で描かれた学校説明会で千歌たちが歌うのですが、メロディ、歌詞、衣装デザインのすべてにAqoursの原点ともいえる魅力や輝きが詰まっています。

## BACKSTAGE EPISODE　作詞　畑 亜貴

### いろんな活動の想い出が積み重なった始まりの歌

Aqoursの始まりの曲ですね。「出会い」「がんばる」「スタート」「夢」といったキーワードをいただいて作詞しました。こうして物語の中で改めて聴くと、それまでの想い出がよみがえりますよね。自分はずっとAqoursの活動を追ってきた、という気持ちになった方も多いんじゃないでしょうか？　挿入歌になったことで、さらに新しい想い出が曲に重なっていきますし。それが過去に発表した曲を、挿入歌として使うことのすばらしさだと思っています。こういう想い出の積み重ねが、『ラブライブ！サンシャイン!!』にふれた大人の私たちでさえも、青春を感じてしまう部分になっているのかもしれないですね。

### 第5話挿入歌

## CRASH MIND

Saint Snowの多彩な音楽性を感じる1曲。マイナーコードから生まれる、ダークで幻想的な響きの中に、激しい感情を歌にぶつける鹿角姉妹の強い意志が垣間見えます。

■作詞：畑亜貴　■作曲・編曲：宮崎誠
■歌：Saint Snow……鹿角聖良（CV：田野アサミ）、鹿角理亞（CV：佐藤日向）

### 第3話挿入歌

## 君のこころは輝いてるかい？

浦の星女学院の学校説明会で入学希望者のために披露した曲。その歌詞は、自分の夢に気づいてワクワクが止まらない、走り出したい衝動を歌ったもの。これを聴いたら、千歌たちといっしょに青春したくなる!?

■作詞：畑亜貴　■作曲：光増ハジメ　■編曲：EFFY
■歌：Aqours……高海千歌（CV：伊波杏樹）、桜内梨子（CV：逢田梨香子）、松浦果南（CV：諏訪ななか）、黒澤ダイヤ（CV：小宮有紗）、渡辺曜（CV：斉藤朱夏）、津島善子（CV：小林愛香）、国木田花丸（CV：高槻かなこ）、小原鞠莉（CV：鈴木愛奈）、黒澤ルビィ（CV：降幡愛）

## BACKSTAGE EPISODE　監督　酒井和男

### Saint Snowの曲を映像化できなかったことが残念

第5話の挿入歌ですが、本当はPVを作ってあげたい気持ちでいっぱいでした。でも、TVアニメシリーズを作りながらでは、残念ながらスケジュール確保が難しかったです。もともと3Dモデルがないので、ダンスシーンを作るとしたら全部手描きになってしまうのも考えどころでした。手描きのダンスシーンの難しさは想像以上ですから。今思えば、多少無理をしてでも、時間を確保すべきだったかなと……。本当にシビれるくらいカッコイイ曲に仕上がっていたので、いつかチャンスがあれば映像を乗せたいです。

## 畑 亜貴　作詞　BACKSTAGE EPISODE

### ガラスのように硬質な北の姉妹ユニットの思考を表現

「CRASH MIND」を含め、Saint Snowの曲を作詞する時に思っていることは、物語の中で描かれる情報が少ない分、曲のほうでアーティストとしての形を見せなければならないということでした。2人はAqoursと違って1期で登場した時から、多少の自信があるし、自分たちがなにを目指しているかがわかっている。つまりいろいろなことを考えているんですね。それを歌詞として表現するために、まずAqoursよりも硬いイメージを作りました。ラップも本来はもっと言葉の響きを楽しんだりするものですが、彼女たちにとっては想いを伝えるための手段なので、若干、稚拙なほうがいいのかな、と。彼女たちの勢いが伝わることを重視しましたね。

## 第6話挿入歌
# MIRACLE WAVE

地区大会を圧倒的なパフォーマンスで勝ち抜くために、Aqoursが用意した切り札。冒頭に千歌が大技を決めるダンスパートがあり、その猛特訓の成果が披露されました。チア風のドレスが弾む気分をさらに盛り上げます!!

- 作詞：畑亜貴　作曲：酒井拓也（Arte Refact）
- 編曲：脇眞富（Arte Refact）　歌：Aqours……
高海千歌（CV：伊波杏樹）、桜内梨子（CV：逢田梨香子）、松浦果南（CV：諏訪ななか）、黒澤ダイヤ（CV：小宮有紗）、渡辺曜（CV：斉藤朱夏）、津島善子（CV：小林愛香）、国木田花丸（CV：高槻かなこ）、小原鞠莉（CV：鈴木愛奈）、黒澤ルビィ（CV：降幡愛）

自分の限界を越えよう!!　奇跡を起こすAqoursウェーブ。

### BACKSTAGE EPISODE　監督 ▶ 酒井和男

**ドラマに合わせてダンスが作れるのも『ラブライブ！』の魅力**

この曲で一番盛り上がるところは、ライブパートの冒頭に千歌が大技を成功させて、みんなの反応を見るために左右に視線を配るところですね。ここは演出の八木（郁乃）さんにも十分に気を配ってもらって、完成させた記憶があります。大技が決まった瞬間、3年生は思わず涙が出て、それを千歌が見て「やった！」と喜び、今度は1年生を見ると「よっしゃ！」という顔をしています。それだけで関係性がわかりますね。『ラブライブ！』はドラマに寄り添ってダンスが作れるところも魅力の1つです。

### 畑 亜貴　作詞　BACKSTAGE EPISODE

**自分を信じる心と強い願いを描いたMIRACLEソング**

この曲も、シンプルな気持ちを描いた曲です。第6話時点での千歌ちゃんたちの気持ちを歌詞にしました。こういうシンプルな想いは強いですよね。「限界までやっちゃえ」や「できるかな？　できる！」と、自分に言い聞かせたり、呼びかけたりした挙げ句の「"MIRACLE"呼ぶよ」ですから（笑）。彼女たちの場合は、漢字の奇跡ではなく、もっと軽い言葉が出てくるんじゃないかなと思ってのMIRACLEです。2番の「真似じゃないオリジナルの～」は、自分たちの存在について、改めて向き合えるようになったことの表れです。自分たちはなんのためにスクールアイドルをやっているんだろう。なにを目指しているんだろう。そういうところまで考えられるようになってきた。人としての成長が表現できたらいいなと思って書きました。

67

## BACKSTAGE EPISODE　監督　酒井和男

### 曲のストーリーコンセプトを畑亜貴氏に伝えて作成

第8話で流れたこの曲も、残念ながらPVはありません。楽曲制作は「CRASH MIND」の時と同じように、ストーリーコンセプトを畑さんに伝えて作詞していただきました。僕がPVを制作しないのは当初から決まっていたので、オーダーだけしてあとは音楽プロデューサーの大久保（隆一）さんにお任せしたんです。現在はSaint Snowにも「Awaken the power」の時に作った３Dモデルがあるので、いつかそれを使う時があるかもしれません。

## 畑 亜貴　作詞　BACKSTAGE EPISODE

### 脆さも魅力的なアーティスト"Saint Snow"

TVアニメ1期で制作した1曲目の「SELF CONTROL!!」では、自分たちの状況がわかっていること、その中でベストを尽くす強さを描きました。物語の中で彼女たちも「遊びじゃない！」って言ってましたけど、まさに遊びじゃないんです。いろいろ考えているからこそプライドもある。ただ本気で考えれば考えるほど、だんだん辛くなるんですよね。そこで2曲目は、この環境ではやっぱり辛いこともあるし、うまくいかないんじゃないかと思う、それでも逃げずにがんばるという曲になりました。3曲目の「DROPOUT!?」では、さらに2人がもろさや、不安な気持ちを見せて落ちてしまう。2期で作った2曲の歌詞は少し内容が暗いのですが、どうしてもSaint Snowという存在には必要な部分だと思っています。自分としては、すごく楽しみながら書かせてもらいました。

**ラップで伝える激情!!　世界からの疎外感と痛み立ち尽くす。**

### 第7話挿入歌
# 空も心も晴れるから

母校の統廃合が決定。「ラブライブ！」で勝ち進むことで学校の知名度を上げ、入学希望者を増やすという目標が消えてしまった9人の心は揺れて……。わかり合えそうですれ違う心を歌った歌詞が、その心情にぴったり。

■作詞：畑亜貴　■作曲：原田篤（Arte Refact）　■編曲：脇眞富（Arte Refact）　■歌：Aqours……高海千歌（CV：伊波杏樹）、桜内梨子（CV：逢田梨香子）、松浦果南（CV：諏訪ななか）、黒澤ダイヤ（CV：小宮有紗）、渡辺曜（CV：斉藤朱夏）、津島善子（CV：小林愛香）、国木田花丸（CV：高槻かなこ）、小原鞠莉（CV：鈴木愛奈）、黒澤ルビィ（CV：降幡愛）

### 第8話挿入歌
# DROPOUT!?

高速のドラムと鋭いギターリフが奏でるメタルチューン。ヘビィなサウンドとイノセントな歌声が融合する、Saint Snow独自の音楽世界を体現したような1曲に！

■作詞：畑亜貴　■作曲・編曲：馬渕直純　■歌：Saint Snow……鹿角聖良（CV：田野アサミ）、鹿角理亞（CV：佐藤日向）

**明日はきっと晴れる！　迷った少女の心を内浦の風景が優しく包んで。**

## 酒井和男　監督　BACKSTAGE EPISODE

### 悩みながらもつながっていく9人の心を描く

この曲は1期Blu-ray特装限定盤第2巻の特典曲で、以前からよく聴いていました。とくにこのシーンで使おうと決めていたわけではなく、絵コンテを切って物語を進めていく中で、統廃合が決定してしまい、これから自分たちはどうするべきなのか……と悩む彼女たちの心情をよく表している曲だと思ったからです。無意識のうちに、絵コンテを切っている自分の頭の中でこの曲が流れていたような気がします。劇中では白い羽根が、メンバーたちの表情を映しながらそれぞれのもとへ舞っていきます。ここでは悩みながらも、前を向こうとする9人の心がつながっていくことを意識しました。

## 畑 亜貴　作詞　BACKSTAGE EPISODE

### メンバーたちの純粋な素顔と日常のひとコマが愛おしい

もとはTVアニメ1期Blu-ray特装限定版の特典曲として制作された曲です。特典曲はサイドストーリー的な気持ちで、素の彼女たちがふっと見られるような気持ちの歌になるといいなと思って作詞しています。この曲は2年生の曲だったので、3人がどんな日常を過ごしているかということを考えました。場所はみんなが集まるいつもの砂浜のイメージですね。「繋がりそうで繋がらないの 心と心」と言いながらも「君に伝えなくちゃ家に帰ったら…」と、そこに"繋がりたい"という希望があるんですよね。人の心は繋がると信じている。大人の私は、あまり信じてないんですけどね（笑）。それに大人になると、学生のように明日また会えるといった環境ではなくなるから、心がすれ違ったらそれを取り返すのが難しいじゃないですか。でも学生の彼女たちは、そうじゃないんです。明日に繋げられる、まだ純粋な彼女たちの日常がすごく愛おしいな、と思います。

| 酒井和男　監督 | BACKSTAGE EPISODE |

### 虚構と現実が織りなす夢のように美しい時間を

　函館の街を舞台に、虚構と現実が入り混じっているＰＶ──。どこからが現実であるかは、観てくださる方に決めていただきたいと思っていました。今、振り返っても魂が抜けるんじゃないかというくらい、この曲には全身全霊で取り組みましたね。大事な第13話が控えているのに、一瞬燃え尽きてしまったほどです。スタッフ一同、ファンのみなさんに映像を楽しんでほしいという話をしていて、その気持ちを支えに制作へ挑みました。3DCGIを担当しているサブリメイションさんや、撮影の旭プロダクションさんに多大な無茶を聞いてもらって、完成したのがあの映像です。

明日を変えたいと望む時、心の中で新しい力が目覚めるね。

| BACKSTAGE EPISODE | 作詞　畑 亜貴 |

### すべての人に気持ちが当てはまる夢の合同ソング

　この曲はだれが歌ったとしても、その人の気持ちとして感じられるような歌詞にしないといけない曲でした。AqoursにもSaint Snowにも、それから曲を聴いているみんなにも当てはまるように。その上で挿入歌としても成立させないといけなかったので、制作する上での立ち位置が難しかったです。すべての要素を成り立たせるという意味では、主題歌を作るのに近い感覚でしたね。作詞をしている時は、けっこうせつない気持ちでいました。2番の「ミライを変えたい」という歌詞は、それまでよりも一歩成長した気持ちから出てきたものです。例えばルビィの視点からいえば、ダイヤの卒業や学校がなくなる現実をつきつけられたことでステップアップした彼女が"変えたい"と思った。そう受け取ってもらえていたらうれしいですね。

**第9話挿入歌**

## Awaken the power

第9話の函館旅行の時、ルビィと理亞がスクールアイドルを卒業する最愛の姉のために、仲間と協力を得て作ったもの。2つのユニットが合体したSaint Aqours Snowの総勢11人で歌う初めての曲になりました♪

■作詞：畑亜貴　■作曲・編曲：河田貴央　■歌：Saint Aqours Snow……鹿角聖良（CV：田野アサミ）、鹿角理亞（CV：佐藤日向）、高海千歌（CV：伊波杏樹）、桜内梨子（CV：逢田梨香子）、松浦果南（CV：諏訪ななか）、黒澤ダイヤ（CV：小宮有紗）、渡辺曜（CV：斉藤朱夏）、津島善子（CV：小林愛香）、国木田花丸（CV：高槻かなこ）、小原鞠莉（CV：鈴木愛奈）、黒澤ルビィ（CV：降幡愛）

| 酒井和男 監督 | **BACKSTAGE EPISODE** |

### 白鳥の湖をモチーフに過去を乗り越えて輝くAqoursを表現

念願の「ラブライブ！」優勝を飾ったこの曲は、絵コンテとしては特別に難しいことはしていません。とにかく、9人の魅力が出るカット割りをしているので、新しいことはまったくしませんでした。とにかくかわいく！ 9人が持った青い羽根、つまり新しい彼女たちの魅力が次のスクールアイドルに届くように──。梨子が青い衣を脱ぎ捨てたあと、Aqoursの輝きがアキバの街頭ビジョンから名もない女の子たちに届く、というのが一番の見せどころです。それがうまく伝わっていてくれたらうれしいです。

衣装のテーマとしては、「白鳥の湖」だったと思います。美しく飛び立つ意味を込めて羽根を手に持って踊らせて。さらに花丸と梨子と鞠莉は、過去を乗り越えて新しい自分を手に入れた間柄だったので3人はドレスを脱いで新しい姿になります。梨子が大トリでちょっと困った顔になっているのもポイントでしょうか。この3人のメンバーの選出はシナリオを読みつつ、自然と決まりました。このPVの制作はなにもかもが大変で、なにもかもが本当に楽しかったです。でも、「もう1回やって！」と言われたら、ちょっと考えますね（笑）。

| **BACKSTAGE EPISODE** | 作詞 畑 亜貴 |

### 叶わなかった夢がうながした9人の成長ぶりに注目

このタイトルはAqoursという言葉を使わずに、Aqoursを表現しようと思って"青"の意味を入れました。ストーリー的にも絶対に盛り上がらなければいけない曲なので、どうやって盛りあげるかを考えていきましたね。歌詞に何度も出てくる「イマ」は、"意識しない哲学者"というイメージで書いていました。第12話は、多分彼女たちの中で哲学的な想いが生まれたタイミングだと思ったんですね。ふつうは日常生活の中で、今という時間や感情を定義しようとは思わないじゃないですか。でも彼女たちは今はどういうものかを考えるまでに成長した。それはやっぱり、がんばったけど思い通りにならなかったこと、叶わなかったことがあって。でもその中でも確かに言えることは、今、自分たちがここにいて、楽しめていることですよね。それを彼女たちらしく簡単な言葉で、無意識に考え始めるところが、冒頭の「イマはイマで昨日と違うよ」というフレーズになりました。成長の階段を駆け上がって、大人になりましたよね。だからこの曲を歌っているAqoursは、みなさんもカッコイイと感じるんじゃないかと思います。

かげかえのないイマを胸に、9匹の美しい鳥を新世界へ解き放つ。

### 第12話挿入歌
## WATER BLUE NEW WORLD

Aqoursはアキバドームで開催された「ラブライブ！」決勝でこの曲を歌い、念願の優勝を手にします。Aqoursカラーの青のドレスに特別な想いがこもっていそう。ダンス中の衣装チェンジなど、ファンを驚かす演出も♪

■作詞：畑亜貴 ■作曲・編曲：佐伯高志 ■ストリングスアレンジ：倉内達矢 ■歌：Aqours……高海千歌（CV：伊波杏樹）、桜内梨子（CV：逢田梨香子）、松浦果南（CV：諏訪ななか）、黒澤ダイヤ（CV：小宮有紗）、渡辺曜（CV：斉藤朱夏）、津島善子（CV：小林愛香）、国木田花丸（CV：高槻かなこ）、小原鞠莉（CV：鈴木愛奈）、黒澤ルビィ（CV：降幡愛）

## 第13話挿入歌
# WONDERFUL STORIES

第13話で誰もいない母校を訪れた千歌が、これまでの軌跡を思い出して涙していると、Aqoursのメンバーや生徒たちが現われて――。楽しそうに歌い踊る9人。みんなで過ごした日々は、まさに"すばらしい物語"ですね！

■作詞：畑亜貴　■作曲：Carlos K.　■編曲：EFFY
■歌：Aqours……高海千歌（CV：伊波杏樹）、桜内梨子（CV：逢田梨香子）、松浦果南（CV：諏訪ななか）、黒澤ダイヤ（CV：小宮有紗）、渡辺曜（CV：斉藤朱夏）、津島善子（CV：小林愛香）、国木田花丸（CV：高槻かなこ）、小原鞠莉（CV：鈴木愛奈）、黒澤ルビィ（CV：降幡愛）

**BACKSTAGE EPISODE　監督　酒井和男**

### 心象風景ではなく千歌たちのキセキを体感できるアトラクション

自分たちが動いた先の波紋を見ているような感覚なので、今までの体験を振り返ったわけではなくて。ベタかもしれないですが、千歌たちがやったこと自体がキセキだったというのを、ファンのみなさんといっしょに体感したい想いがこのライブパートの根底にあります。あの時、あの瞬間にしか見れないこと……。ここは完全に心象風景ではなく、千歌がこの目で見たものが全部体感できる。『ラブライブ！サンシャイン‼』は、千歌たちと同じ乗り物に乗って体験するアトラクションだと思うんです。だから乗り遅れないで！　千歌が見えているものを見ている。第12話のドキュメンタリー風のインタビューや、「MIRACLE WAVE」のダンス中に千歌が仲間へ目配せするシーンもそうですけど、いっしょに体感してほしいというのがあって、視点が1つ増えると思ってPVを作ってました。本当はカメラにならなきゃいけないけど、しだいに第3者の視点から見れるように作っていましたね。それが「WONDERFUL STORIES」によく出ていると思います。

自分の悪い癖なのかもしれないですけど、リアリティーはわかるんです。100歩ほど歩いたらどこに着いて、200歩ほど歩いたら坂を上って、300歩ほど歩いたら屋上に着いたという。でも、物理的な現実感と自分の心の現実感はちょっと別なんです。あれは千歌1人の心の動きではなく、9人の全員、浦の星の生徒全員の心の動きが、千歌に要約されているんです。それをあのような映像で表現してます。あまり答えを限定せず、観た人それぞれに感じてほしいと思っています。第13話のストーリーとしては、千歌が「最初からあったんだ」と自分で答えを語るという構成にしましたけど、あの時に起こっていることはひょっとしたら……。想像がふくらむように作っています。

**BACKSTAGE EPISODE　作詞　畑亜貴**

### これまでの成長の軌跡を盛り込んだフィナーレ曲

この曲は監督からメッセージをいただいて作詞しました。その一部を紹介すると「メーテルリンクの青い鳥」「鳥かごに入れずに、飛び立っていった先を予感できるとなおうれしい（灯台下暗し）」などです。最後の"灯台下暗し"というワードを見て、つい笑ってしまった記憶があります。監督はおもしろい方だな、オチがついてギャグになってる、と（笑）。このままでは曲もおもしろくなってしまうので、歌詞は感動方向に持っていきました。またTVアニメのフィナーレ曲ということで、これまでAqoursがたどってきた想いもまとめています。例えばCメロの「YES‼　答えはいつでもこの胸にある」のフレーズは、「君のこころは輝いてるかい？」で問いかけていることの答えであったりとか。他にもいろいろな小ネタを仕込んでいます。この曲に限らずですが、みんながふっと気づいた時に"もしかして、これってつながっているかも？"と感じてもらえるように、いろいろ仕掛けを考えるのが好きなんです。もちろん仕込んだネタに気づかなくても成立するけど、気づけばもっと曲を聴くのが楽しめると思うので……。だから私からは、なるべく提示しないでおきたいと思っています。いろいろ想像しながら曲を聴いて、いろいろ考えてもらえたらうれしいです。

---

## 第13話オープニング主題歌
# 青空Jumping Heart

アキバドームで歌うTVアニメ1期のオープニング主題歌が、ここで第13話とクロスするというサプライズ。会場のモニターには「WINNER Aqours」の文字が！

■作詞：畑亜貴　■作曲：伊藤賢、光増ハジメ　■編曲：EFFY　■歌：Aqours……高海千歌（CV：伊波杏樹）、桜内梨子（CV：逢田梨香子）、松浦果南（CV：諏訪ななか）、黒澤ダイヤ（CV：小宮有紗）、渡辺曜（CV：斉藤朱夏）、津島善子（CV：小林愛香）、国木田花丸（CV：高槻かなこ）、小原鞠莉（CV：鈴木愛奈）、黒澤ルビィ（CV：降幡愛）

**畑亜貴　作詞　BACKSTAGE EPISODE**

### ひな鳥だったAqoursの羽ばたきを感じる曲に変化

この曲も"青"がタイトルに入っていますね。TVアニメ1期の主題歌が大会のアンコール曲として歌われたというのは、きっとみなさん、感動されたんじゃないでしょうか？　私もグッときました（笑）。作詞した当時のAqoursは、まだまだひな鳥でしたね。なにも知らないし、殻から出てきちゃったような状態で。"わーいわーい、世界って楽しいのかな？"って、無邪気にはしゃいで喜んでいる感じ。だけど、どこに向けたらいいのかわからない情熱を胸に感じている。そういうところから描いていったほうがいいなと考えた記憶があります。本当に今から振り返ると、Aqoursは育ったと思いますね（笑）。

**酒井和男　監督　BACKSTAGE EPISODE**

### 「ラブライブ！」優勝後のアンコール曲として演出

もともとは1期のオープニング主題歌として作られましたが、2期では第13話のオープニング主題歌に。「ラブライブ！」の全国大会で優勝した時のアンコール曲として演出しています。新たにアキバドームでのAqoursの様子が伝わるカットを3枚追加しました。

特別企画

Aqours 5 SPECIAL SONGS

# あの曲、聴きたい!!

シチュエーションで選ぶ お気に入りの5曲

TVアニメ2期の楽曲を堪能したあとは、Aqoursソングのファンに贈る特別企画をどうぞ♪ キャスト9人に5つのシチュエーションにぴったりの歌を選んでもらったのですが、あなたのチョイスと合ってる？ これを読めば大好きな曲の意外な魅力に気づくかも!?

## Q. Aqoursキャストへ気になる5つの質問

**1** ダンス衣装がお気に入りの曲は？

**2** 元気を出したい時、どの曲を聴く？

**3** 大好きな人に贈りたい曲を教えて!!

**4** 目覚まし代わりに聴くと最高♪

**5** ライブで大合唱してみたい曲は？

---

**1** 「夢で夜空を照らしたい」の千歌ちゃんの衣装は、テーマカラーのみかん色ではなくて赤い衣装だったので新鮮でした。千歌ちゃんは赤も似合うんですよね。曲を歌ったあとの「この場所から始めよう」というセリフがとても印象に残っていて、自分が衣装を着させてもらった時も感動がありました。

**2** 千歌ちゃんのソロ曲「One More Sunshine Story」。この曲は丸ごと千歌ちゃんを感じられるから大好きなんです。それに千歌ちゃんの声って、聴くとすごく元気が出るんですよ！ 自分の声でもあるのに、なにを言ってるんだって感じですけど（笑）。もし、千歌ちゃんと出会ってなかったら、私はこんなにもポジティブではいられなかったと思うので。

**3** 「WONDERFUL STORIES」かな。Aqoursの物語が詰まっている曲だから、私たちはこういうふうに歩んできましたって伝えられるし……。新しい夢へまた走り出していく心が感じられる、歌詞や振りつけもいいなぁと思います。

**4** CYaRon！の「元気全開DAY！DAY！DAY！」。騒がしいですよ～、この曲（笑）。私はイントロのエレキギター音が「ドゥルルルーン」って流れた瞬間にすぐ起きます！

**5** ふと思い浮かんだのは「MIRAI TICKET」。落ちサビのソロパートを歌う時、本当に緊張するんですよ！ 歌い出しのタイミングをミスったらどうしようとか、音程を外したら恥ずかしいとか。ファンのみんなが好きだと言ってくれる曲だし、自分としても思い入れが強い曲なので、逆にライブで歌う時は身構えてしまって。だからみんなで合唱したら純粋に楽しめるだろうなぁって。私は泣いて、全然歌えないかもしれないですけど（笑）。

伊波杏樹

千歌ちゃんを丸ごと感じられるソロ曲が大好き 元気出ます♪

Anju Inami

## 逢田梨香子

1. 「君のこころは輝いてるかい？」の衣装はフリフリでかわいいし、フレッシュ感があるし、なによりAqoursっぽくて気に入ってます。衣装はどれもふだんは絶対着られないような、まさにアイドル服って感じのデザインが多いので、いつも楽しんで着ています。

2. 元気を出したい時は「WATER BLUE NEW WORLD」です。2番のサビで「夢は夢のように〜」のあたりのフレーズがすごく好きですね。確かに夢はきれいなだけじゃないし、苦しいこともあるから。1番のサビもすごく気持ちがわかるし、聴くと気合いが入ります。

3. 「想いよひとつになれ」。この曲は私にとって応援歌でもあって、大事なお仕事の前にも聴いている曲です。2番のサビ「だいじな夢追うとき〜」の歌詞に、応援してくれる人がいつもそばにいるというメッセージが込められている気がして、聴くとがんばれるんですよね。だから大事な人に「がんばれ！」って応援したい気持ちも含めて、この曲を聴いてほしいと思いました。

4. Guilty Kissの「Strawberry Trapper」なら起きるんじゃないかな？ 聴けばテンションが上がるし、目覚めなきゃって気持ちになるかと（笑）。Aqoursの曲なら「君のこころは輝いてるかい？」が朝っぽい曲だと思います。

5. みんなで歌いたい曲はいろいろあるけど、「届かない星だとしても」にします。間奏中にクラップする振りがあって、ライブでも会場のみんなといっしょにやったんですけど、一体感があるなぁって。合唱ってみんなと心をつなげられるから、ステキなことだと思います。

> 「想いよひとつになれ」は私の応援歌！ お仕事の前に聴くとがんばれます☆

## 諏訪ななか

1. AZALEAの「GALAXY HidE and SeeK」の衣装がかわいくて好きですね。個人的に、あの衣装のようなピンクや白い色のガーリーな服が好きなので。それにあの衣装はふだんの衣装には絶対についてない、背中の羽根がついているのも気に入っています。

2. CYaRon！の「元気全開DAY！DAY！DAY！」かな。パワフルな曲なのでぴったりだと思います。歌ってるCYaRon！3人の、千歌と曜とルビィの元気さから元気をもらえます！

3. Aqoursの3rdシングル曲の「HAPPY PARTY TRAIN」かな。歌詞にもあるとおり、果南の想いも私の想いもたくさんのせている曲です。この曲は歌詞もメロディーも衣装も振りつけも、すべてがステキだなと思ってます。

4. 『ラブライブ！サンシャイン!!』の曲は、個人的には起きれない曲のほうが多いんですよね。心地よくて、逆に子守唄みたいな感じ（笑）。でも、AZALEAの「LONELY TUNING」とかはいいかな？ 最initialのラジオをチューニングしている時のような音が気になって目が覚めるんじゃないかな？ あと全体的にキラキラした音だから、さわやかな朝が迎えられそう。

5. 2018年3月に行われたLIVE＆FAN MEETINGの千葉公演で「勇気はどこに？君の胸に！」を歌ったんですけど、その時の客席から聴こえてきたみんなの歌声が印象に残ってます。特に2日目の夜の回では、（鈴木）愛奈がケガでライブパートに出演できなくて、初めて8人でパフォーマンスを披露することになって。でも、最後に歌ったこの曲だけは、愛奈も参加できたので……。Aqours9人と客席のみんなと全員で歌えてよかったと思いました。またみんなで歌いたいです。

> 「HAPPY PARTY TRAIN」は果南の想いも私の想いもたくさんのせている曲です！

## 小宮有紗

1. AZALEAの「GALAXY HidE and SeeK」の衣装が好きです。それまでダイヤの衣装にピンク色のものはなかったので、全身ピンクはやっぱりかわいいなと思いました。ジャケットにも描かれていた羽根もついていて、衣装の魅力をちゃんと再現できていたので、100点満点を超えるくらい気に入ってます！

2. 私が聴く前提ならCYaRon！の曲かな。ライブで観ていても元気になる気がしません？ 歌ってる人たちが元気だから（笑）。その中でも「元気全開DAY！DAY！DAY！」は、むりやり元気を引き出される感じがします。あと2年生が歌った「決めたよHand in Hand」も元気になれますね。

3. 恋の歌ということならAZALEAの出番ですね。「トリコリコPLEASE!!」かな。1番のサビ前「一度だけきっとチャンスがあるの〜」とかの歌詞に、好きな人に想いを伝えるため、素直にがんばる女の子の気持ちが出ていると思います。

4. 2nd LIVE TOUR中は、「HAPPY PARTY TRAIN」を目覚まし用の曲にしていました。聴くとやる気が出るんですよね。イントロのバイオリンが始まったところで「やばい、踊らなきゃ」って起きます（笑）。

5. 2期から選ぶとしたら、エンディング主題歌の「勇気はどこに？君の胸に！」ですね。第11話のラストを思い出してしまう感じで……。LIVE＆FAN MEETINGでも合唱しましたが、やっぱり感動しました。もっと大人数で歌ったらどうなるんだろう。感極まって、ワンワン泣いちゃって歌えなくなるかも。

> 大好きな人に贈る恋の歌ならAZALEAの出番ですね♥

## 斉藤朱夏

1. 「未熟DREAMER」の衣装はメンバーカラーだし、和服風のデザインだから、世界中の誰が見ても日本のグループだとわかるので気に入ってます。和服なのに激しく踊るから、和服のイメージが変わりそうな部分も！ 靴下を片方しかはいてないところも独創的で好きです。

2. これはもちろん「元気全開DAY！DAY！DAY！」です！ 曜ちゃんの「おはヨーソロー！」や千歌ちゃんの「こんちわ！」、ルビィちゃんの「ピギィィ」って叫び声が入っていて、CYaRon！のわちゃわちゃ感が詰まってます。これで元気が出ないわけないでしょ♪

3. 「空も心も晴れるから」。大好きな人が悩んでいる時に贈りたい曲です。歌詞がステキで、私はサビの「私はまだまだ頑張れる」でグッときました。ほかにも「もう大丈夫！」「立ち直れるよ」など、前向きになれる言葉が多いので、じっくり歌詞カードを見ながら聴いてほしいです。

4. イントロがすごく好きな「スリリング・ワンウェイ」。曲の最初に千歌ちゃんから「輝きたい！」と言われたら、起きて輝くしかない（笑）。私は目覚ましにハードな曲を選ぶので、この曲みたいにライブでも「わー！」って盛り上がれる曲の方がいいですね。

5. 「勇気はどこに？君の胸に！」はLIVE＆FAN MEETINGでみんなと歌って、合唱にぴったりな曲だと思いました。2期第11話のラストを再現する演出もあいまって、とても心に残っています。このイベントのテーマソング「Landing action Yeah!!」もみんないっしょに歌ってくれたから、本当にみんなで作り上げている感じがしました。

歌詞がステキな「空も心も晴れるから」はサビでグッときました！

*Shuka Saito*

## 小林愛香

1. 「夢で夜空を照らしたい」です。リボンが多くてかわいいし、少し動いただけでも、スカートの裾がふわっときれいに広がるので。1、2年生だけの曲だからライブで歌う機会も少ないのですが、またあの衣装を着たいですね。

2. CYaRon！の「元気全開DAY！DAY！DAY！」は、朝からしっかり動くぞ、という時に聴きたくなります。ヨハネが歌っている曲だとGuilty Kissの「Strawberry Trapper」。この間、1st LIVEの映像を観返したんですが、稲妻からの登場シーンがカッコよすぎてテンションが上がりました（笑）。

3. 「少女以上の恋がしたい」かな。この曲には女の子のかわいらしさとあざとさと、ちょっと背伸びした感じが詰まっていて、「あなたとしたいっていけないこと？」という歌詞、ドキッとしません？ そもそも"少女以上の恋"って、どんな恋よ!? とか（笑）。意味深なところがあって、いいんじゃないでしょうか！

4. 私はあんまり大音量で起こされたくないから……「聖なる日の祈り」で起きましょうかね（笑）。優しい音でも一瞬で起きられるので、この曲で十分です。ファンのみなさんにオススメするとしたら「青空Jumping Heart」かな。冒頭の「見たこと〜」で、カッと起きれそうじゃないですか？

5. LIVE＆FAN MEETINGで大合唱した「勇気はどこに？君の胸に！」は、今思い返してもすごかったです。みなさんの歌声を聴きながら歌いたかったので、イヤーモニターを外したんですけど、みなさんの歌声が聴こえる安心感と感動で、本当に物語の中に入った気分でした。同じ時間を共有している全員で肩を組んで歌っているような気がして、一番記憶に残った合唱でしたね。

「少女以上の恋がしたい」は意味深なところがドキっとします♥

*Aika Kobayashi*

## 高槻かなこ

1. AZALEAの「GALAXY HidE and SeeK」。私の人生の中で、あんなに女の子っぽくてかわいらしい服を着る日がくるとは思ってもみませんでした。実際に着てみたら、意外と似合ってたかな（笑）。ふだんは着れないような衣装を着られるのも、ライブの醍醐味の1つですね。日常とかけ離れたことができるのがうれしいです。

2. 1年生曲の「Waku-Waku-Week」。1年生はAqoursの元気担当なので、この曲でも3人らしい元気さを発揮していて、まさにワクワクします。聴いていると楽しくなって、つい笑っちゃうんです。

3. 「少女以上の恋がしたい」か「"MY LIST" to you！」。でも、「"MY LIST" to you！」は、恋人にやってほしいことをつづった"私の説明書"という曲なので、これを贈ったらわがままな女の子だと思われるかな（笑）。「少女以上の恋がしたい」はすごく好きな曲。よくよく聴くと、大人っぽいことを歌っていてドキドキします。

4. 私は目を覚ます時に聴く曲には、特にこだわりがなくて……。それよりも朝、家を出てから駅に向かうまでの時間になにを聴こうか、自分の気分に合わせて曲を選ぶことを大事にしています。ただ、AZALEAの「トリコリコPLEASE!!」は、イントロの3音で「ハッ！」と起きられますよ（笑）。

5. 「勇気はどこに？君の胸に！」かな。LIVE＆FAN MEETINGでみんなと大合唱した時は、涙をこらえながら歌いました。これ以外の曲を選ぶなら「君のこころは輝いてるかい？」ですね。10年後とか、今が思い出に変わるころに合唱したい。「あのころは輝いてた、今も輝こう」と思いながら、前向きな気持ちになれそうでジーンとしそうです。

元気担当の1年生の曲は聴いていると笑顔になれる☆

*Kanako Takatsuki*

| | | |
|---|---|---|
| 1 | Aqours初の和服衣装ということで「未熟DREAMER」です。私は民謡を唄ってきたので、昔から着物を着る機会がたくさんありました。だからこの衣装を着ると落ち着く感じがします。それにこの曲は、1期第9話で9人そろったAqoursが初めて歌った曲！　そういう意味でも思い入れが深いです！ | 「MIRACLE WAVE」は衣装の色が全員ピンクで統一されているから、初めて見た時に"同じ衣装"ってビックリしました。よく見るとデザインはそれぞれ違うんですけどね。Aqoursではめずらしいピンクの衣装ですが、みんなめちゃくちゃ似合っているし、それぞれの名前がデザインされているところもお気に入りです!! |
| 2 | 2期のエンディング主題歌「勇気はどこに？君の胸に！」ですね。がんばっている時に壁にぶつかってしまったり、くじけそうになった時は、いつもこの曲を聴いています。そっと後ろから背中を押してくれるような、前に進むための元気がもらえる曲です | 1年生3人が歌う「Waku-Waku-Week!」は、善子ちゃんとマルちゃんとルビィのかわいらしさが全開になっている曲。聴くと自然とにこにこしてしまいます。3人の合いの手が入っていたりと、わちゃわちゃにぎやかで、テンションが上がる曲です!! |
| 3 | Aqoursの2ndシングルに収録されている「待ってて愛のうた」。この曲は私自身、とても大好きだし、大切にしている曲です。この曲を贈ることで、大好きな友達や家族、そしてファンのみなさまに、この曲に込めた愛情や優しい気持ちが届きますように……。 | CYaRon！の「夜空はなんでも知ってるの？」は、大好きな人に気持ちをわかってほしいと願う曲です。そのもどかしさがせつなくて好きですね。ふだんはなかなかストレートにいえない気持ちもこの歌詞に乗っていて……。そんな想いを伝えたい時にぴったり。素直になれなくてごめんね、という気持ちでこの曲を選びました！ |
| 4 | 目覚まし用の曲なら、1期のBlu-ray特典曲「Daydream Warrior」です！　私、すぐには起きられない人なんですよ（笑）。でも、好きな曲を聴けば、自然と気持ちも上がってきて、起きるかなって。だから単純に大好きな曲を選んでみました！ | これは「Awaken the power」ですね。Awaken（目覚める）で、power（力）ですし!!　この曲がかかったら、いっきに目が覚めそうだし、やる気が出ると思います。サビまでには完璧に起きて、「HiHiHi」を言いたいですね（笑）。 |
| 5 | 1期第11話の挿入歌「想いよひとつになれ」をみんなで歌いたいです。さらに願いが叶うなら、ピアノアレンジバージョンを作ってもらってしっとりと！　みんなで手をつないで合唱できたらステキですね。もし実現したら、きっと私は感動して泣いてしまう予感がします。 | 「勇気はどこに？君の胸に！」は、やっぱり10人目のAqoursメンバーであるみなさんといっしょに、想いをひとつにして歌いたい楽曲です。たとえなにかを失敗したとしても、次に進むための勇気をくれる――。そんなステキな想いが詰まった曲なので！ |

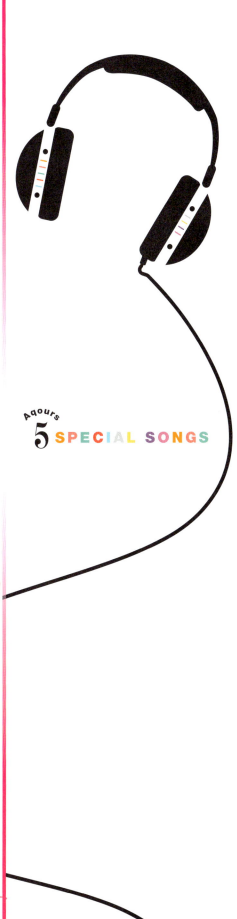

## Aqours 5 SPECIAL SONGS

鈴木愛奈

「待ってて愛のうた」に込めた愛情や優しい気持ちが届いたらいいな

*Aina Suzuki*

降幡愛

サビまでには完璧に起きて「HiHiHi」を言いたい♪

*Ai Furihata*

## SUNSHINE♪ MEMORIES vol.2

国内6都市&海外3都市で開催！ Aqoursがみんなの街へ

# LIVE & FAN MEETING

大切な想い出といえば、Aqoursが全国各地のファンへ会いに行くこのツアーもその1つ。2017年11月の大阪公演から、2018年3月の千葉公演まで計21公演が開催されました。そのラストを飾った幕張メッセの千葉公演をレポート♪

**1**

**2**

▲「Landing action Yeah!!」は、全公演共通のテーマ曲♪

◀赤いライティングの演出が印象的な「スリリング・ワンウェイ」。

**3**

### トークパート
### 9人のかわいい個性が爆発!! 珍解答続出のクイズ企画も

イベントの前半はトークパート。キャスト9人がファンから届いたメッセージ&質問に答えます。その中でひと際大きな歓声が上がったのが、「千歌たちが挙げる結婚式の場所は？」という話題の流れで始まった"誓いの言葉"の告白タイム。これは隣同士のメンバーが、結婚式風に誓いの言葉を交わす……というもの。伊波杏樹さん&斉藤朱夏さんをはじめ、9人がそれぞれに照れたり、真剣に見つめ合ったり、愛たっぷりの誓いを交わしました。そのほかにも、モテ男っぽい仕草をアピールする「イケメン選手権」などが行われ、メンバーたちが新たな魅力（？）を開花させる一幕も♪

### ライブパート
### 「未来の僕らは知ってるよ」の衣装で元気に歌い踊る♡

後半はAqoursの歌とダンスがたっぷりと楽しめるライブパートの時間♪ テーマソングの「Landing action Yeah!!」など、全10曲が披露されました。毎回、恒例となっている投票企画──4曲の候補の中から、会場のファンが歌ってほしい曲を選ぶ──では、「届かない星だとしても」が多くの支持を集める結果に。"今"をみんなで共有する楽しみは、この企画ならでは♡

### ライブパート
### 大合唱で高まる一体感♪ 「勇気はどこに？君の胸に！」

ライブパートの最後を飾ったのは、「勇気はどこに？君の胸に！」。しかも、2期第11話エンディングと同じ、浦の星女学院の生徒みんなで歌った特別なバージョンでした。やがて会場が大合唱に包まれます。それはまるで、浦の星の閉校祭に参加しているかのよう……。Aqoursが各地をめぐったファンミもこの千葉公演にて無事終了。終演後はメンバーがファンを1人1人お見送りするなど、始終、アットホームな雰囲気に包まれたイベントでした♪

---

**ラブライブ！サンシャイン!! Aqours クラブ活動 LIVE&FAN MEETING 〜Landing action Yeah!!〜 千葉公演**
■日　程：2018年3月10日(土)、3月11日(日)
■会　場：幕張メッセ イベントホール
■出　演：Aqours（伊波杏樹、逢田梨香子、諏訪ななか、小宮有紗、斉藤朱夏、小林愛香、高槻かなこ、鈴木愛奈、降幡愛）

CREATORS INTERVIEW

# 希望は手探りの未来の中に。

酒井和男【監督】

室田雄平【キャラクターデザイン】

畑 亜貴【作詞】

加藤達也【音楽】

TVアニメ『ラブライブ！サンシャイン!!』1期に続き、
2期を手がけた制作スタッフたち。
千歌たちAqoursの9人が追い求めた〝輝き〟とはなにか──？
その答えを求めて、スタッフも試行錯誤することになります。
明確な輪郭のない、正しい答えのないものを追い求める日々。
その先に彼らが見つけたものとは……。
独占ロングインタビューでつづられる、真実の告白がここに！

| POSITION | NAME | TITLE |
|---|---|---|

**監督** ‖ 酒井和男 ‖ 夜を越え、何度も輝く太陽のように。

> スタッフのみんなが「輝きとはなんだろう」と考えていました。でもそこに、物語を進めていかなければわからないという『ラブライブ！』らしさが一番出ていたような気がします。

## "輝きとはなにか" ── 正解のない答えを探して全力疾走した日々

──初めにＴＶアニメ2期の作業を無事終えての感想をお願いします。

自分を含む制作スタッフ一同、ホッとしたというのが一番大きかったと思います。アニメ制作に関わる者にとって、全話数を放送して完成させることが一番のご褒美ですから。2期は函館の街を描きましたし、Saint Snowをはじめ、活躍するメンバーが多くて制作は大変でしたが、楽しく作らせていただきました。今を積み重ねていくことで未来にたどり着く……これこそ『ラブライブ！』だと感じています。依然として監督としてのプレッシャーは感じていましたが、続けて映画を作らせていただけることに感謝です。どのアニメ作品にも困難はつきものですが、やっぱり『ラブライブ！サンシャイン!!』は特別です。歌いますから。通常の物語に加えて、ライブパートを同時に並行して作る。限られた制作時間の中で、ハードルの高いことにＴＶシリーズで挑戦しているんです。2期は1期と同じように、最初にシナリオが完成して、次にコンテ作業と畑亜貴さんに挿入歌の作詞を依頼する……という流れで制作していきました。今回は母校の統廃合へ立ち向かっていく9人の心の動きを大事に制作していたのですが、説明しなくてもスタッフのみなさんにそれが伝わっていて、同じ方向を向いて制作できたのが印象的でした。畑亜貴さんの作詞もそうだし、シリーズ構成の花田十輝さんもそうですが、プロのお仕事に助けられました。

──続いて2期の物語についてお聞きします。今回もシリーズ構成の花田十輝さんがシナリオを作り、それをもとに物語の構成をしたのですか？

そうですね。ストーリー案をもとに、花田さんを交えてスタッフ内で意見を交わしながら作ってきました。

──千歌が探していた"輝き"の本質や浦の星女学院の統廃合への想いは、どのように描こうと決めていたのでしょうか。

自分だけではなく、スタッフのみんなが「輝きとはなんだろう」と考えていました。でもそこに、物語を進めていかなければわからないという『ラブライブ！』らしさが一番出ていたような気がします。行き先がわからない……これが青春ですかね。彼女たちはまだ10代ですから、その感覚がフィルムに出るのがいいんじゃないかと。それから統廃合の結果に対して、よいのか悪いのかを決めつけないというのは、最初に考えていました。当然、母校がなくなるのは悲しいことなんですけど、その判断をするのは9人だし、彼女たちの奮闘を観た視聴者のみなさんだと思ったからです。もともと、"世の中がこうだから"とか、"決まった考え"とかに疑問を感じたり、答えが1つじゃないのは当然だと思っています。目線が変われば、結果も変わる。ハッピーエンドなのか、バッドエンドなのかはその人が決めることだと思うんです。

──酒井監督が1期のロケハンに行った時のお話でも、実際の内浦の学校も生徒数は少ないと言っていたように記憶しています。そんな内浦の現状が物語にも影響しているのでしょうか。

内浦に限らず、統廃合というのは郊外の学校に通う生徒たちの身に実際に起こりうることです。なので、リアリティーがありますし、そこは避けて通れない。そうならない未来もあったのだと思いますが、内浦の人口が増えるなどの変化がないと難しいかもしれません。そう考えると、統廃合という現実に立ち向かうことが9人の試練になったのも必然なのではないかと。その中で輝きを見つけていけるかが『ラブライブ！サンシャイン!!』の重要なドラマだったと思います。結果に納得せず、あがいて、あがいて、あがいた先に自分はどうあるべきか──。その葛藤が等身大の彼女たちそのものだし、10代の輝きだと思うので、そこが描ければいいなと思っていました。

──今回、統廃合は悲しいけれど、それが悪いことであるとは描いていないのが印象的でした。「どうなるかわからない明日のほうがちょっぴり楽しみであって」という第11話のルビィのセリフが代表するように、未来への新しい可能性も感じます。

自分が想像したのは、統廃合が決まったら、千歌たちが毎日落ち込んで暮らすかというと、実はそうでもないんじゃないか。むしろ、現実を受け入れる部分は受け入れて、その先に待つ未来に期待と不安を抱いて学校に通っていくのではないか、と。悲しいけれど明日、また朝日が昇ったら違う希望があるかもしれない。そんな曖昧で確かなものに希望が持てる──それが『ラブライブ！サンシャイン!!』ではないかと思っています。本作のタイトルも"サンシャイン"、太陽ですから。

──続いてAqoursのメンバーについて質問させてください。2期の特長の1つは、各学年での絆が強く描かれたことだと思います。それぞれにどんな想いが込められていたのでしょうか。

Aqoursの9人はスクールアイドルが浸透した世界に生きていますから、その存在に対して強いリアリティーを持って生きています。学校とスクールアイドルは切っても切り離せない関係なので、それはちゃんと描こうと思いました。あとは学年ごとでいうと、2年生は自分にコンプレックスを抱いていて、そんな自分を変えたいと願っていた千歌と梨子の共鳴が、曜を巻き込んで熱い関係を築いていました。性格も育ちも正反対に見えるのに、似ている子っているじゃないですか。千歌と梨子が出会ったおかげで、曜も自分の新たな一面や可能性に気づけたと思うんです。そのドラマは丁寧に描きたいと思いました。1年生の魅力は、やっぱり独特の能天気さです。3人とも直感で判断するタイプだから、どちらかというと才能豊かな天才肌。善子も花丸もルビィも個性が強く、タレント性もあるので、目の前にいたら会話が楽しいからずっと聞いちゃうんじゃないかなと。それに実は3人ともいい子だから、「待て」といわれたら素直に従っちゃう。相手を見すぎて消極的になるところ、相手の気持ちを気にしすぎてしまうところが彼女たちの弱点でもあったんです。それが1期を経て2期へ物語が進むにつれて、少しずつ自己主張できるようになっていきました。その集大成が2期の第8話と第9話だったのだと思います。

──では3年生はいかがでしょうか。

鞠莉、果南、ダイヤの3人は、スクールアイドルを一度は辞めてしまった過去がありますね。一番、葛藤を抱えていたように見えました。

今の3年生はμ'sの最後も、A-RISEの最後も知っています。当然、卒業したスクールアイドルがその活動にどうやって幕を下ろすのかも知っている。そんな3人が統廃合を救いたいと思った時に、スクールアイドルをやりたいのか、学校を救いたいのか迷ったと思うんです。その迷いがすべて削ぎ落ちた時に、どんな選択肢を選ぶのか……。その時、その時で、3人の曖昧な気持ちが1つにまとまっていく流れが、映像に出ると思って作ってました。ある時はリアリティーを出すため、3年生を演じるキャストの想いを参考に、それをストーリーに落とし込んでいった部分もあります。

## 企画当初のコンセプトは自分を奮い立たせるなにかを探している物語

──2期はAqoursが1期から追い求めてきた"輝き"の答えが描かれました。この"輝き"というテーマは監督から発案されたものでしょうか。

いいえ、みんなで決めましたね。電

| LEAD | First of all...... | PROFILE | INTERVIEW |
|---|---|---|---|

監督としてＴＶアニメ『サブライブ！サンシャイン‼』の陣頭指揮をとってきた酒井和男氏。1期から引き続き、"ライブ感""今しかない瞬間"を大切に描いてきた本作で、さらに追い求めてゆくこととは？

熊本県出身。フリーのアニメーション監督＆演出家。ＴＶアニメ『ラブライブ！』シリーズでは、各話演出や絵コンテを担当。ＴＶアニメ『ラブライブ！サンシャイン‼』では監督を務める。妻は本作にも参加中のアニメーター・酒井香澄氏。

**No.1**

## Aqoursの9人や登場人物のひとりひとりが大切だから、どの子も軽んじることがないようにと思うと、考えすぎて絵コンテを描く手が動かないこともあります。

撃G'sマガジン2015年4月号に掲載されたティザーキャッチ「助けてラブライブ！」、ＴＶアニメのキャッチコピー「私たち、輝きたい！」というのは、1期が始まる前からずっとあるテーマです。私たちは輝きたいけれど、ここはアキバじゃないし、なにもない田舎町だから輝けない。最初は環境のせいにしていたけど、だんだん自分たちで現状を変えようと動き出すことで今までとは違う視点で世界が見られるようになる。そんな"自分を奮い立たせるなにかを探している物語"というのは最初からありました。本人たちはうまく言葉にできないけれど、自分を動かすものを探してる……。

──人それぞれ違う、自分を奮い立たせるものをひとまとめにして"輝き"と呼んだということですか？

そうですね。高校2年生の千歌が輝きたいと思った時に、同じような感情を持った女の子たちが集まっていく青春群像モノと考えていました。

──第13話で千歌はついに、ずっと追い求めてきた"輝きとはなにか"という問いに答えを出しますね。その心情を察せられるような演出も可能だったと思うのですが、千歌がしっかりと自分の想いを言語化したのには驚きました。

あのセリフはシナリオ制作の後半になって出てきたものです。当初の予定どおりに作れば、あのような答えにはならない可能性も高かった。制作していく中で、千歌の姿を伊波（杏樹）さんを重ねていたのだと思います。伊波さんだったら、答えを見つけられるだろうと。「WONDERFUL STORIES」の作詞でも、畑さんは千歌のパートに「やっとみつけた！」と書いてますから。シナリオもそこに至ったんじゃないかと思いますね。

──確かに1期の時よりも、2期はメンバー9人が自分の気持ちを言葉にして伝えている印象がありました。

それは意図的にそうしました。みんなの想いを言葉にしてあげようと思い、意識してコンテは書きましたね。実際、自分にとっての輝きとはなにかを言葉にするのは難しいです。多くの人が、「わからない」と答えるのが正直なところだと思います。「あなたの輝きはなんですか？」と聞かれたら、自分は正直にわからないと答えます。輝いている光はなにかの側面かもしれないし、自分が認識できないものかもしれないですから……。千歌の場合は、μ'sの輝きを見てμ'sに近づきたいと思ったけれど、1期の第13話でその輝きに手を伸ばしたけれどつかむのを止めています。輝きを探して全力でがんばれば統廃合をふくめ、すべてがうまくいくと思っていたけれど現実はそう甘いものではない。「じゃ、私たちに輝きはなかったのかな？」とAqoursの活動を振り返ってみたら、そうじゃない、と……。今まで諦めずに右往左往してきたことが9人の輝きだった。むっちゃんたち浦の星女学院のみんなの輝きも背負ったからこそ輝けたんだ。自分たちの力だけじゃなくて、みんなが輝かせてくれた──それが千歌の答えなんですね。「みんなの輝きを自分に分けてもらった」というのがわかったことが、彼女の最大の成長だったと思います。

──本作はAqours9人の物語ですが、2期を最後まで観るとやっぱり主人公は千歌だったのだなと実感します。

自然とそうなってしまいましたね。もちろん、みんなのストーリーであることは間違いないのですが。

──第13話の最後に、体育館でみんなでいっしょに歌うシーンがありますね。8人が千歌に手を差し伸べる姿に、どこか既視感を覚えるのですが……。

あのシーンは不思議なことに、ＴＶアニメ1期のオープニングとリンクしてしまったんです。1期のオープニングを作る時は、特に意識していなかったのですが、千歌が輝きの中にたたずむ人影を追うカットがありますよね？結局、あれは自分たちの影なんですけど、2期第13話の「WONDERFUL STORIES」への導入のシーンと綺麗につながりました。灯台もと暗しというか、探していた輝きは、アキバの街頭ビジョンを見ている時からあったのかな、と。それが千歌にとって、一番の気づきだったのかな、と……。でも、これは自分の考えで解釈の1つにすぎないので絶対ではありません。みなさんにはそんなことを意識せず、自由に観て、感じてほしいです。

### 伝えたいのは本当の気持ち ドキュメンタリーの手法で 告白にリアリティーを

──2期のアニメ制作で一番の山場だったところはどこでしょうか。

第12話の「ラブライブ！」決勝を描いたBパートは特に大変でしたね。これまでの想いを語るのだから、セリフではなく、彼女たちが本当に告白しているように描きたいという想いがあり……。特に後半は口先だけにしたくないと考えていて、神田明神へお参りする姿や海を眺める様子など、シチュエーションをいじらせてもらってあの形式になりました。ドキュメンタリーのセオリーですと、本来は千歌がカメラを持っているべきなんですよね。千歌の主観だから、本当は千歌の後ろ姿は映ってはいけないのだけど、あえて大胆に入れていきました。千歌たちの様子を一歩引いて視聴者のみなさんもいっしょに観る。そういうふうに視点を1つ多くして、2人の会話を盗み見する感覚を出しました。

──あのシーンに千歌が映っていた理由がわかり、すっきりしました。では、第12話以外で大変だった話数はありますか？

第9話ですね。Saint Snowを交えて11人で歌って踊る「Awaken the power」も大変でした。まず、アニメ本編の制作が函館という新しい土地が舞台だったので、絵コンテやシナリオをふくめて時間がかかりました。そこに踊る人数が一番多いライブパートが入るわけですから。

──2期のライブパートも酒井監督が絵コンテを切ったのですか？

はい、今回もすべて描かせていただきました。ダンスにもメンバーの関係性や感情がリアルに出ますから、こればかりは、誰かにお任せすることはできないですね。各話の演出は、新しいスタッフに参加してもらったんですけど、初めて本作を手がける方は本当に大変だと思います。自分自身としても、絵コンテがさらっと描き上がる時もあれば、反対に詰まる時もあります。登場人物の1人1人が大切だから、どの子も軽んじることがないようにと思うと、手が止まってしまうこともあります。その中でもやっぱり、Aqoursの9人は大切ですね。だからこそ考え過ぎると手が止まってしまうこともありました。実はちょうど自分の娘が産まれたのが「恋になりたいAQUARIUM」のＰＶの完成間近だったんです。その体験もあって、9人には想い入れが強いですね。1人の人間としてちゃんと命を与えたいと思って描いていました。

### 高度な3DCGI技術と 作品への深い愛が支える ライブパート制作秘話

──そういえば、ライブパートの3DCGI（※注１）で描かれるメンバーの姿が、1期のころよりもクオリティーが上がっていて驚きました。アップの顔も多用されるようになりましたね。

ありがとうございます。ライブパートの制作を引き受けてくれているサブリメイションのみなさんは、職人を越えた変人エキスパート集団ですね。これはリスペクトしているからこその形容です（笑）。ライブの時もスタジオのみなさんで会場へ足を運び、キャストのみなさんを熱く応援して盛り上が

※注１
Three Dimensions Computer Generated Imageryの略。直訳すると、コンピューターで作成された3次元の連続した画像という意味。ＴＶアニメ『ラブライブ！サンシャイン‼』では、おもにライブパートの作成に用いられている技術。ＴＶアニメ『ラブライブ！』を手がけた京極尚彦監督が、3DCGIと手描きのパートを混ぜたハイブリットな映像を得意としていたのに対し、酒井監督はアップショットにも耐えられる、美しい3DCGIならではのダンスシーンの作成に挑み続けている。

## 『ラブライブ！サンシャイン!!』は確かに生きているし、メンバーの魅力をそれぞれに体現してくれています。

Aqoursのキャストのみなさんの心の中で

---

ってくださるし、なによりこの作品をめちゃくちゃ愛してくださっています。その想いが、制作する3DCGIにもにじみ出ているのではないでしょうか。

──3Dの映像が魅力的に変化しているのは、具体的になにが変わっているのでしょうか。

それは"かたち"の捉え方、フィニッシュ作業での変化ですね。CGっぽいところをどこまで変えていけるのか……という領域に踏み込むと、途方もない手間がかかります。かわいいあごの形、魅力的な顔の造形、振り返った時に一瞬見せる愛らしさ……。それはすべて、偶然が生み出しているのではなく、実は3DCGを担当している方が魅力的に見えるように、1コマ1コマ修正して手を加えているんです。しかも動画ですから、使用する全部のコマを調整してくださっています。

──それは知りませんでした!! 愛らしい素体のようなものをCGで作り、ダンスをさせればいいのかと……。

3DCGIはかわいらしく見せるのにコツが必要といいますか、万能な方法はないんです。作ったものを土台に、角度を1枚1枚調整して魅力的に見えるようにする。それがサブリメイションさんの執念が生み出した特別な技術だと思います。使っているPCのスペックが上がったわけでもなく、制作ソフトのバージョンが上がったわけでもなく、すべて作り手の"気合い"ですね。

──やっぱり人間の力なのですね！

そうです。完全にマンパワーですね。さまざまな実体験から生み出した工夫と努力の成せる技。それが本当にすごいと思うんです。従来のアニメーション制作では、3Dでの顔のアップや物をつかむ手の動きは、手描きのほうが完成度が高いので禁じ手だといわれてきました。ですが、本作では「それを全部やってください!!」とあえてお願いしています。それを「難しいので無理です……」と突っぱねるのではなく、「研究して挑戦してみましょう」と言ってくれる制作陣は、知るかぎりではサブリメイションさん以外にちょっと思いつきません。自分の印象では、TVアニメ1期と2期を通じて、サブリメイションさんの中にどんどん経験が蓄積されていき、鉄を叩くように鍛えられた。結果、名刀ができ上がった感じですね。そして勝手にどんどん切れ味を増していって今に至ると……。実は第12話の「WATER BLUE NEW WORLD」も挑戦の連続でした。一般的なアニメ作品における3D的な制約をお話すると、まずロングスカートはNGなんです。衣装や髪型の変更もNGです。でも、ファンのみなさんに驚いていただこうと、この2期では全部やってしまいました。おかげで劇場版ではどうしようかと考え中です。

### 美しい衣装を作るために柄やスパンコールを3DCGに撮影で貼り込む

──μ's の時は劇場版になってから、

3Dの髪型が変わりましたよね。

そうですね。『ラブライブ！サンシャイン!!』の制作で難しかったことの1つは、デザインにしても、演出にしても、すべてμ's が先にやっていることでした。「これは新しい！」とファンのみなさんを驚かせることができないのが、一番の苦労でしたね。だから「過去に一度やったことは、ふつうにやらなくちゃ」と!! 技術的には「WATER BLUE NEW WORLD」が集大成として全力で作ったPVでした。

──2期第13話「WONDERFUL STORIES」の映像も素晴らしかったです！

あの曲も挑戦でした。スタッフ一同で「本当にやるの？ 放送に間に合うの!?」と相談しながら制作した記憶があります。当初は3DCGIを使う挑戦的シーンは、すべて第12話に投げてしまい、第13話は制服でしっとりと踊る予定だったんです。でも、絵コンテを切っている時に、最後ですから過去に制作したすべての衣装を入れ込んでしまいました。ライブパートの制作スタッフのみなさん、あの時は本当に申し訳ありませんでした!!

──ライブパートといえば、Aqoursの衣装も魅力的です。酒井監督がデザインを依頼しているのですか？

基本的には自分からアニメーターさんへお願いしますけど、その内容はスタッフと話し合いながら決めています。これまでも衣装をたくさん作ってきたので、魅力的なアイデアはもうないはず……と思いつつ、いざみんなで話し合うと新しい方向性が次々と出るから不思議ですね。ここで質問ですが、ライブパートの衣装で、一番のネックとなるのはなんだと思いますか？

──難しいですね。制作費ですか？

そこはふれてはいけない部分です（笑）。答えは作画、つまり絵の部分なんです。その理由は、絵だとラメやスケール（大きさ）を自由に作れないから。人間が描ける限界の大きさや数で作らなければいけないので、これが実写でしたら、いろんな衣装を作れるのですけど……。それに3Dも万能に見えて、パーツがたくさんついている衣装は制作が大変です。特に柄は難しい。それでも、「MY舞☆TONIGHT」の衣装の柄は、1枚1枚カットへの貼り込みになっています。たとえば150枚絵があったら、単純計算で150枚の貼り込みです。一方、「WATER BLUE NEW WORLD」は、スパンコールを意識して衣装を作っているので、キラキラしている部分がすべて貼り込み作業になっています。そのこだわりも「こんなの初めて観た!!」と、みなさんに喜んでもらいたいからですね。細部の美しさを保つために、さまざまな会社のクリエイターが支えて作ってくださっているんです。

──こ、これもマンパワーですね？

はい。撮影の旭プロダクションさんが尽力してくださいました。ライブパートに9人いたら、9人分の柄を1人1人貼り込んで行く作業になります。

──撮影セクションの方が衣装に柄を貼り込んでいく……というのが、手描

きに慣れていると意外に感じます。

時間と手間を考えると、TVシリーズのスケジュールではなかなかできることではないですね。柄の貼り込み方もいろいろあるんですよ。全部をクロマキー合成のようにマスク化して、立体感を無視して1枚貼るとか、袖と襟だけとか。貼り込みは、細かくしていこうと思えばどんどん細かくしていけるので、こだわり出すと底なしです。

──それは全部、担当するクリエイターがカットに貼り込みの指定をして1枚1枚作業をしなければならない……ということですよね？

そうです。ライブパートは、旭プロダクションさんとサブリメイションさんの高い技術に支えられてクオリティーを保つことができました。本当に感謝しています。ファンのみなさんが喜んで観てくださる顔を想像して、一生懸命にスタッフ一同で作りました。

### ダビング作業に立ち会い劇伴を作り上げてくれた加藤達也氏に感謝

──次に物語を"音"で演出する劇伴の作業についてお聞きします。『ラブライブ！サンシャイン!!』の音楽担当は加藤達也氏。加藤氏との作業の中で印象に残っていることをお聞かせください。

加藤さんは僕の中ではすごくスペシャルな人です。アニメーション制作には、最後の仕上げとして完成した映像へBGMや効果音を入れる"ダビング"という作業があるんです。ある時、僕が「この作品は全員野球でやりましょう！」と提案したら、加藤さんがどんなに忙しくても来てくれるようになりました。しかも、ほとんど皆勤賞！ 作曲者じゃないとわからないレベルで調節し、映像に音楽をつけていただいたので必聴です。

──ダビング作業は、通常はどなたが現場にいるものなのですか？

各話の演出、監督、音響監督とSEとBGMのミキサーさんですね。一般的な作品ですと、音響監督を筆頭にスタッフが協力して、作曲家から送られてきた音源をもとに映像へ音を当てていく作業をします。そこに曲を作った本人がくるというのですから、非常に豪華でスペシャルな現場です。

──加藤さん自身が作った音源ですが、シーンに合せてみて違和感を覚えたら、その場で編曲したり……。

していましたね。そのシーンに合わせて、現場で1曲作っていただいたこともあります。あとは必要のない楽器の音が大きかったり、逆に必要な音が小さかったりする場合や、心情に合わない音がある場合は調整していただきました。通常のダビング作業では、そこまで細かな調整はできないのですが、作曲した加藤さんが現場にいてすぐ対応してくださるので具体的なイメージを直接お伝えしてお願いしていました。

──ということは、アニメ本編で流れている音楽と、発売されているサウン

ドトラックの音源を比べると、違う部分もあるのでしょうか。

　加藤さんが作った音楽にこちらから要望を添えてお返しして、それをもとに練り直していただいてます。そしてダビングの現場でまた練る。このように練りに練って作っていたので、サントラのままの音源でBGMが流れたことはほとんどないのではないでしょうか。そういう意味では、すごく贅沢な作り方をしていると思います。音響監督の長崎（行男）さん（※注2）のディレクションも入っているので、かなりの高い完成度で作られています。どのシーンの音楽もシナリオにぴったり合っていて、「さすがプロだな」と感銘を受けながら聴いていました。

——特別な体験だったのですね。では、2期の劇伴はどのような過程を経て依頼していったのでしょうか。

　2期の場合は、シナリオがある程度仕上がった段階で長崎さんにお願いしました。一般的にTVアニメを作る時は「日常1」「日常2」のアッパーとダウン、「日常3」のメロウやストリングス、ジャズ調……というように、汎用性の高い曲を作っていく発注が多いんです。でも、長崎さんはそういう作り方をいっさいしません。これは長崎さん独自の方法なのですが、まずシナリオを読んで劇伴が必要となるシーンを洗い出します。そして「千歌の高ぶる気持ち」「善子の葛藤」「2人の仲」というように、実際に存在するシーンに狙い撃ちで音楽をつけていくんです。だから物語に合うのだと思います。ちなみに音楽が必要なシーンは、メニュー表にまとめて加藤さんへお渡して、共有します。これは長崎さんのこだわりですね。そのシーンの映像や登場人物の心情に寄り添うよう、具体的に作られていますから、聴いていて本当に気持ちがよいですね。

## メンバーの魅力を それぞれに体現してくれる 9人のキャストへの想い

——続いて、この作品を支えているキャストのみなさんへの想いをお聞かせください。監督として、1期からキャストのみなさんを見守ってきたと思うのですが、彼女たちの成長を感じる瞬間はどんな時ですか？

　成長させてもらったのは自分のほうです。毎回、9人のがんばりに勇気や気づきをもらっています。顔を出してお仕事するというのは、本当に半端な覚悟ではできません。ご自身の名前を出して、評判や批判を受け止めて、これまで作品と真摯に向き合ってきたわけですから。尊敬の念を禁じえません。最初からスタッフが教えることよりも、逆に教えられることのほうが多かったです。キャストのみなさんの心の中で『ラブライブ！サンシャイン!!』は確かに生きているし、メンバーの魅力をそれぞれに体現してくれています。オーディションに来た時から、その力をすでに秘めていたのだと思います。

——Aqoursのキャストとメンバーのシンクロも本作の魅力の1つですね。

　はい。自分の中では、メンバーとキャストはイコールで結ばれています。千歌は伊波さんですし、伊波さんは千歌というように。以前、アフレコの時にセリフを口にした伊波さんが涙を浮かべた時があったのですが、この場面では千歌は涙を流すのが自然なんだと思い、作画に反映させたこともあります。もちろん、他の8人のキャストみなさんも同じように感じています。9人がAqoursとして背負っているものは決して小さくありません。でも、一生懸命に取り組んでいる姿はファンのみなさんに伝わっていると思います。

## 劇場版で目指すのは Aqoursらしさを 突き詰めて挑戦すること

——TVアニメも大好評のうちに幕を下ろした今、ファンのみなさんの期待は完全新作劇場版へ引き継がれていると思います。監督としての意気込み、挑戦したいことがありましたらお聞かせください。

　多くの応援のおかげで、劇場版まで漕ぎ着けることができたことを心から感謝しています。今はもう、劇場へ足を運んでくださる方が楽しめる作品になるよう尽力するだけですね。現在、制作スタッフがアイデアや意見を出し合い、胸躍る作品を目指してワイワイガヤガヤと鋭意制作中です。作品には「これが正解！」という答えはありません。この劇場版も観る人によって、受ける印象が違うものになると思うのですが、そういう多様性のある作品になってほしいと願っているところです。また、劇場版は映画ですから、「TVシリーズの10倍ぐらい大変なのかな？」「本当にできるのかな？」と緊張したり、期待したり、毎日が千歌たちのようににぎやかですね。TVシリーズ以上の冒険をやってはいけない気もしているのですが、今までと違う〝新しいもの〟が『ラブライブ！』の本質であることは、TVシリーズも、劇場版も、変わらないと思うので、〝Aqoursらしさ〟を突き詰めて、そこに挑戦していきたいです。3Dと作画で新しい絵作りをするというテーマを忘れず、『ラブライブ！サンシャイン!!』を愛してくださるみなさんのために作らなければ、という使命感が胸にあります。実はこの取材の前にも劇場版の打ち合わせをしていたんです。富士山と太陽をバックに3人で歌うとか、対戦ゲーム画面で歌う……嘘です（笑）。そんな冗談を交えながら、構想を練っておりますのでどうか楽しみにお待ちください。

——酒井監督が考える、Aqoursらしさのヒントとなる言葉は……？

　「歌って踊って腹減って！」かな。純粋に楽しいものを目指したいです。

——本能に従順な感じでしょうか（笑）。劇場版への期待がさらに高まりますね。ではそろそろお時間のようです。応援してくれているファンのみなさんにメッセージをお願いします。

　TVアニメ1期と2期を毎週観てくださった方々には、ひたすら感謝しかありません。その観てくださった方の中にも、「難しい作品だった」という感想を抱いた方もいたかもしれないと思っています。よくも悪くも、答えのない曖昧なところがある作品だと思います。それは意図してのところもありますし、意図してないところもあるのですが、それは『ラブライブ！サンシャイン!!』らしさと無関係ではないと感じています。セリフを理解するのではなく、感情を読み解くようなシーンは、観る方にプレッシャーを与えるかもしれないと悩んだ時期もありました。でも、1期のころに〝感情に嘘がない〟というのが『ラブライブ！』の本質だと感じていたので、その部分は描き切れたのではないかと思っています。ある意味では実験的で、ある意味ではすごく懐かしい作品……。そういう意味でも、理解が難しいところもあったかと想像します。それらを全部ひっくるめて、この作品をずっと好きでいてくれたみなさんには、どんな言葉で感謝を伝えたらよいのか、想いがあふれてまとまりません。一生懸命に殻を破ろうとした1期、新しいものを見つけようとした2期——。自分も時に迷いながら、Aqoursの曲を道標にしながら、未来を切り開いていく9人の輝きを追ってきました。第13話にたどり着いた9人がこれからどこへ向かっていくのか。日々、変化し続けるのが『ラブライブ！サンシャイン!!』の魅力でもあるので、今後もAqoursの活動や劇場版の公開を楽しみながら、いっしょに走ってくださるとうれしいです。

——最後にお聞きします。酒井監督が迷った時に、道標に聴いているという曲とはなんでしょうか？

　1stシングル「君のこころは輝いてるかい？」ですね。最初に手がけたあのPVにすべて答えが入っていると思っていて、迷ったらまずあの曲を聴きます。歌詞にも自分が畑亜貴さんに最初にお願いした時の感情があって『ラブライブ！サンシャイン!!』の原点があるので、結局はあそこに帰っていくのだと。当時、人気作を任されたプレッシャーなど、とことん悩んだ先にあったのがあの曲だったんです。これはどんな時も胸に刻み、忘れないようにしています。

> 迷ったら「君のこころは輝いてるかい？」を聴きます。最初に手がけたあのPVにすべての答えが入っていると……それはどんな時も胸に刻み、忘れないようにしています。

※注2
2013年1月に放送されたTVアニメ『ラブライブ！』から音響監督を務めている。劇伴制作の音楽性を決めて、BGMを流すシーンの選定をしたり、アフレコでは声優のセリフを収録するなど、アニメーション制作の〝音〟に関わる分野を統括している責任者。

| POSITION | NAME | TITLE |
|---|---|---|

| キャラクター<br>デザイン | **室田雄平** | 少女たちは描かれるたびに成長する。 |

Aqoursの9人がこれから成長する可能性を考え、変化する余地を織り込んでキャラクターデザインをするようにしました。

## μ'sが夢を叶える中で可能性を抱いて生まれたスクールアイドル

——『ラブライブ！サンシャイン!!』の企画当初、室田さんはどういった流れで参加されたのでしょうか？

当初、地方が舞台となる、ということを聞いていましたが、その時点でキャラクターデザインの担当は決まっていませんでした。最初に電撃G'sマガジンさんで連載が始まるにあたって、μ'sの時にもあったキャラクターオーディション（※注1）をAqoursでも私を含めた何名かで行ったんです。当時は2作目に新しい風を吹かせる意味で、他の方にお願いするか、もしくは私はキャラクター原案に留まる話もありました。劇場版（※注2）の進行も重なっており、スタッフを分けたほうが現実的という意見もありましたから。

——では室田さんが担当されない可能性もあったんですね。

はい。オーディションの結果もあり、私の案が通ることになりました。ただ個人的にも、原案だけをやるのは嫌だなと感じていたんです。そこでAqoursもμ'sと同じように自分の手で完成させたいと伝えて、劇場版進行の中でしたがデザインさせていただきました。あの時の私は、μ'sの経験を踏まえて、挑戦したい気持ちが強かったですね。

——挑戦したかったこと、とは？

「変化する余地を織り込んでキャラクターデザインをする」ということです。μ'sはプロジェクトとともに成長していきましたが、デザイン時点では"成長する"という考えにおよんでいませんでした。Aqoursは最初から、「今後、意外な面を見せるかもしれない、ファンからの見え方が変わっていくかもしれない」といった可能性を考えていました。いかにもな元気っ子や優等生といったテンプレートなデザインは避けるようにしたり、ギャップのつけ方や細かなバランスを大切にして、その子のさまざまな面が出てきてもイメージを溶け込ませていける——"成長"させていけるデザインを目指しました。

## 初めて語られるAqoursメンバー誕生秘話そこにあった想いとは？

——どのような流れで9人のデザインは生まれていったのでしょうか？

まずそれぞれにメンバー設定（※注3）がありまして、それをもとにオーディションで描いたデザインをよりブラッシュアップしていきました。その

際、現実に生きる女子高生らしさを強く意識して調整を重ねました。Aqoursは物語上の存在ではなく、本当に沼津・内浦で暮らしている少女たちであることを大事にしたかったんです。

——確かに沼津で生きているように感じます！　ではメンバー1人1人のお話をお願いします。初めに、千歌から。

みんなを引き込むパワーを持ちつつ、μ'sの高坂穂乃果とは違う主人公にしたく、見た目やシルエットを穂乃果と被らないようにしました。そのうえで、地方の女の子が持っている"素朴さ"が出せるよう苦心しました。

——スクールアイドルになろうとするふつうの女の子として、でしょうか？

そうですね。地域性だけでなく物語上そういった面がありましたので、千歌はμ'sの女の子たちよりもふつうの子にしようとしました。それでいてイラストやアニメーションにした時にかわいいというバランスは、注意した部分です。繊細なバランスの上に成り立つ女の子なので、集団作業のアニメ制作ではたして調整しきれるのだろうかとは思いつつも、そこは優先するべき点だと判断するのにけっこう悩みましたね。

——内浦育ちの千歌とは対照的な、東京出身の梨子はいかがでしょうか？

オーディションで描いた女の子たちの中から東京生まれのイメージに合っていた子が梨子になりました。ブラッシュアップする中で、東京暮らしの垢抜けた感じを意識しました。また、他の子よりもスカートの丈を長くして奥ゆかしさを表現しています。引っ込み思案なところはあるけど芯の強さを表現したいと思って、つり目気味にして目力を持たせるように心がけています。

——果南は千歌のお姉さん的な立ち位置で生まれたのでしょうか？

それが当初は決まってなかったんです。お姉さんポジションだとわかってから、彼女の大人っぽさを意識しましたね。あと、果南の"海の女の子"というイメージも、イラストやアニメを描いていく中で加わっていった魅力です。当初のデザイン時は、しっかりした子だけどたれ目というギャップを取り入れて、テンプレートではなくこの子らしさを表現できればと意識していました。また、ライブシーンの見栄えを考えると髪が長い子を入れたいのですが、その中に変化を加えたいと思ってポニーテールになりました。

——ダイヤについてお聞かせください。

黒髪の大和撫子なダイヤは酒井（和男）監督から「黒髪パッツンの子がほしい」との希望もいただき、オーディション時からデザイン的に大きな変化があった子です。口元のほくろは個性になるかなと思って加えています。ほ

くろが、TVアニメのエピソードに生かされてよかったです（笑）。全身から凛としたイメージを感じられるよう、細いけれど華奢ではない"ダイヤモンド"のような密度が感じられる体型にしています。意識しているのは姿勢ですね。背筋を伸ばして、常にお嬢様らしい堂々とした姿をしています。

——ルビィと姉妹である点は、なにか意識されたのでしょうか。

9人の中に姉妹がいることは当初から決まっていました。いただいた設定では性格も雰囲気も異なる2人ですが、姉妹感を出したくて目の色を同じにしています。ルビィの目もダイヤと同じで形が鋭くて、そこに黒澤姉妹の共通性を出しました。2期では、ルビィの成長、意志の強さがその"目"で表現できてよかったです。

——確かに2期第8話の姉妹が語るシーンで同じ色をした瞳が印象的でした。

統一した瞳の色が生きてくれましたね。一歩離れて2人を見てもそれほど姉妹には見えないけれど、近づいてよく見たり、ふとした瞬間「やっぱり姉妹だ」と感じてほしかったんです。

——次に曜についてお願いします。曜も梨子のように千歌との対比が？

対比というより、デザインとしてもう1人、主人公として提示できる子を用意しようと思っていました。オーディションに出した中で曜が一番私のオススメで、実際にスタッフ内でとても人気が高かったです（笑）。現実にいそうな、おしゃれを気にしてパーマをかけた髪型。すれてない元気の中に年相応にお洒落に気を使う少女らしさを出したかった。髪の色は当初は茶系だったんですが、色を確定する段階で今の髪色になりました。あとはややつり目だけど目つきが悪いわけでない、猫っぽいイメージで描きました。

——敬礼ポーズも曜らしいですね。

それも最初に敬礼ポーズが描かれた時には想定していなかった、彼女が得た魅力だと思います。こんなにいつもするポーズになるとは思っていなかったです（笑）。描いていくうちにすっかりおなじみになりましたね。

——沼津に住む善子は、内浦に住むメンバーとは少し違います。

他の子たちが内浦という街に素朴に溶け込む一方で、善子はちょっと神秘的な感じにしたかったんです。でもまさか"中二病"な性格になるとは全然意図していなかったです（笑）。でも当初はなかった面も加わった今の善子は、よりステキです。もともとのイメージは、ミステリアスかつクールで学校で少し浮いている美人な子。9人の中でバランスを崩す存在がいたらおもしろいと思って、1人だけ鼻筋がある

※注1
キャラクターデザインの方向性を決めるにあたって、サンライズ内で行われるデザインオーディション。この時採用されたデザインから、Aqoursメンバーのイメージが作られていく。

※注2
2015年6月より公開された劇場版『ラブライブ！The School Idol Movie』のこと。

※注3
2015年2月の電撃G'sマガジンからプロジェクトが発進した『ラブライブ！サンシャイン!!』。その企画用に公野櫻子氏が書き起こした各メンバーの設定のこと。

LEAD　　　　　First of all......　　　　　PROFILE　　　　　INTERVIEW　　　No.2

困難に立ち向かい絆を深めるAqours。その一挙一動、表情や瞳が伝える意思は〝そこに生きる少女たち〟そのもの——。本作のビジュアルを統括する室田雄平氏に、9人へ込めた想いを聞きました。

サンライズに所属するアニメーター。『ラブライブ！』シリーズのキャラクターデザイン、総作画監督、衣装デザイン、各種版権イラストなど幅広く担当。全力で仕事に向かう姿勢は『ラブライブ！サンシャイン!!』でも変わらない。

## 2期第7話で統廃合が決まったあとの練習シーンは、笑顔のまま涙を流す千歌を描くのがつらかったんですが、自分ならではの表情をうまく表現できたかなと思っています。

ようにしています。髪も艶感がしっかり出るよう調整して今の長さになりました。お団子は最初からありましたね。

——続いて花丸についてお願いします。

男の子が一番守ってあげたくなる子を意識しました。文学少女のイメージも当初からあって。花丸は図書館にいる、憧れの存在なんです。目立たないけれど接してみるとすごくかわいい、というような。この当初のイメージは今でも変わりませんね。触ったら柔らかそうな、ふわっとした感じを出したかったです。腕とか脚とか、男の子が好きになっちゃう女の子の要素を詰め込んでみたかった。この見た目で「ずら」っていう訛りに最初は驚きがありましたが、いつの間にか個性として自然に溶け込みましたね。

——鞠莉は特に髪型が印象的ですね。

ハーフらしさを意識していて、それなら多少個性的な髪型でもアリだろうと思ったんです。「この髪の構造どうなってるの？」と考えさせるデザインにしてみました。それと、外国の女性の方はおでこを出している印象があったので、鞠莉も最初はそうしたんです。デザインを調整する中で、半分だけおでこを出す前髪に落ち着きました。また、鞠莉は9人の中で一番笑顔が上手です。それでよくニマッとした口の形をしています。笑顔慣れしていて、自分の表情を意識的に表現できる子なんだと考えて描いています。

——最後にルビィはいかがでしょうか。

小悪魔的な女の子なのかなと思いまして、あざとい感じのツインテールにしました。結果的にAqoursの末っ子的なイメージに落ち着いてよかったです。ひょっとしたら将来本当に小悪魔タイプになるかもしれませんし、ダイヤみたいになるかもしれません。そういうポテンシャルと、今後を想像する楽しみがある女の子です。姉のダイヤのしっかりした雰囲気とは対照的に妹としてゆるい雰囲気で、みんなから守られている感じを意識しています。

### Aqoursだけじゃない！物語をさらに彩る登場人物（＋犬）たち

——Saint Snowの鹿角姉妹についてもお聞かせください。

TVアニメでの初登場にあたり酒井監督から「明確にライバルで強敵だとわかる2人にしたい」と言われました。特に目は、両方とも強さを感じさせたいといわれて今の形になっています。そのために少しキツいイメージの姉妹になりましたけど、2期でAqoursと仲よくなり、視聴者のみなさんも2人に対する親近感が沸いたようでよかったです。髪の色は2人が9人に引けを取らない印象にしたいと思って、見た目の印象が強い紫にそろえました。

——彼女たち以外の登場人物については？

千歌のクラスメイトたちの描き方にも、Aqoursと同じように変化が生まれました。もともとは9人より目立たないように意識していたんです。でも、作中で9人の仲間というイメージが強くなってから、目力を強く描くようになりAqoursに負けないくらいに華が出てきました。物語に引き込まれる形で成長していておもしろいですね。

——しいたけをはじめとした犬たちの活躍も印象的でした。

動物を出すなら、作画の負担を考えておとなしい大型犬を出す……という話になって、決まったのがしいたけです。実際はかなり動き回ってましたが（笑）。犬種はグレートピレネーズを想定してはいますが、想像の余地を残して曖昧にしました。わたあめはちょうど私が「わた」と「あめ」という2匹の豆柴を飼い始めたころだったので、その2匹を作画の参考にしました。あんこは西田（亜沙子）さん（※注4）が担当してくださいました。プレリュードは、梨子が飼ったらおもしろそうかなと思って、パグにしました（笑）。

### 表情や一瞬の間といった細部の表現に全力を注いででき上がったTVシリーズ

——人物以外に、ライブシーンの衣装デザインについてお聞かせください。

手がけたデザインの中で一番印象深いのは「MIRAI TICKET」です。『ラブライブ！サンシャイン!!』で初めて私がデザインした衣装がこの曲でした。μ'sが終わって自分にはもう衣装案の引き出しがないと感じていたのですが、この衣装がまたデザインをやりたいと思わせてくれたので思い入れが強いです。全体的に青を基調とするAqoursに、あえて赤色を使ってみるとおもしろいかもと思ったのがきっかけです。与えられたテーマは〝ミュージカル〟だったので、Aqours全員格好よく見せて、シルエットはすっきりさせたいと意識しました。衣装だけでなく、髪型も合わせて変えたいとは思いましたが、そのためにCGを新規に制作することを考えるとさすがに難しいですね。

——「WATER BLUE NEW WORLD」では髪型が変わっていましたね。

実は監督と2人で、CG担当の方に「なんとかお願いします！」と頼み込んで実現した衣装です。CGチームには感謝しかありません……。

——キャラクターデザインのほか、総作画監督として参加されているTVアニメですが、2期の中でご自身が特に注目してほしいところはありますか？

たくさんありますが、特に2期の第7話で統廃合が決まったあと、みんなで練習している時に、千歌が笑顔のまま涙を流すところ。千歌を見るみんなの表情も含めてご注目いただけるとうれしいです。表情で、言葉にならないみんな心情を表現したかった。このシーンは描きながら感情移入してつらかったんですけど、自分ならではの表情をうまく表現できたかなと感じてます。私は1期2期を通してシリアスなシーンを担当することが多くて。……今度は笑顔のシーンを描きたくなりますね。

——笑顔1つ取っても愛情や悲しみなどがさまざまな感情が伝わってきます。

千歌をはじめとして、複雑な表情が多かったのでやりがいがありました。『ラブライブ！サンシャイン!!』は目で語る、という特長が出ていたらうれしいです。μ'sは全身で動いて楽しさや躍動感を見せていましたが、Aqoursは、特に見せたいところはじっくりていねいに描き込みます。そういった意味では、μ'sとAqoursで表現に幅ができておもしろいですね。本作は画面の情報量を上げるために描き込みが増えるので、総作画監督としては負担が大きいですが（笑）。

——その他、TVアニメの中で特に印象的なシーンはどこでしょうか？

2期第13話、学校の屋上のシーンです。千歌が梨子と曜を見かけるところは、その後、彼女が駆け出す一歩までの思考を〝間〟で表現したくて。時間のない中、作画スタッフ、作画監督さんたちががんばってくれて、見ごたえのある〝間〟を演出してくださいました。千歌が一瞬、みんながこんなところにいるわけないのにと戸惑いながらも思わず走り出す——千歌の感情の動きを絵で表現してくれた、すばらしい仕事だったと思います。

——その話を聞いたうえで第13話を見返すとより楽しめますね！　それでは最後に、応援してくれるファンのみなさんにメッセージをお願いいたします。

ネットやSNSでみなさんの声がダイレクトに伝わる時代なので、「見てよかった」とか「絵がかわいい」とか、そういう意見がとても励みになっていて。また描こうという気持ちを起こしてくれます。本当にありがとうございます。成長する9人といっしょに、まだまだ続く本プロジェクト。引き続き『ラブライブ！サンシャイン!!』にいっしょに参加して、いっしょに盛り上げていってくれるとうれしいです！

※注4
TVアニメ『ラブライブ！』シリーズでは、室田雄平氏とともにキャラクターデザインを手がけ、アニメーションディレクターとして参加したアニメーター。2期第5話において〝犬作画監督〟としてクレジットされ、シリーズファンの間で大いに話題となった。

CHARACTER DESIGNER／INTERVIEW WITH YUHEI MUROTA

| POSITION | NAME | TITLE |
|---|---|---|
| 音楽 | 加藤達也 | 風のように、光のように心へ響け！ |

劇伴を作るうえで、舞台が沼津というのが大きなテーマでした。最初の版権イラストで海が美しく印象的に描かれていたので、これは実際に見にいかなくてはと思って──。

## 音楽作りの第一歩は
## 内浦の海や町の息づかいを
## 感じるところから

——まずは『ラブライブ！サンシャイン‼』プロジェクトへの参加が決まった時のお気持ちをお聞かせください。

『ラブライブ！』という大きな作品があっての『ラブライブ！サンシャイン‼』。ＴＶアニメ制作のメインスタッフで新しく入ったのが酒井（和男）監督と音楽プロデューサーの大久保さんと僕の３人でしたので、最初は強いプレッシャーを感じました。それは藤澤君（※注１）が手がけた音楽のすばらしさはもちろん、ファンのみなさんが『ラブライブ！』に対して抱く期待の高さや愛情をダイレクトに感じたからです。そのような想いをどのように消化して『ラブライブ！サンシャイン‼』の音楽を作っていけばいいのか……。『ラブライブ！』の音楽とまったく同じことをするのも違う、自分らしさを全面に出すだけというのも違う。僕自身の劇伴に対する腰の据えどころを決めるまでは、作品への想いが強すぎて構想を練るのに時間がかかり、スムーズにいかなかったところもありました。

——ＴＶアニメ『ラブライブ！サンシャイン‼』の音楽の方向性はどのようにして決まったのでしょうか。

酒井監督と音響監督の長崎（行男）さん、8スタの平山さん（※注２）とじっくりお話する中で、イメージが固まっていきましたね。楽器の構成や音楽の世界観に関しては、長崎さんからオーケストラ風の生音っぽいカラーリングで音楽を作りたいと提案がありました。僕もＴＶアニメ『ラブライブ！』を全話観て、生音でまとめ上げるのが作品性に合うはず……という感想を抱いていたところだったので、その方向性には迷いはなかったです。

——ご自身のテーマはありましたか。

やはり、舞台が沼津というのが大きなテーマでしたね。最初の版権イラストで海が美しく印象的に描かれていたので、これは実際に見にいかなくてはと思って。そこでAqoursのキャストのみなさんが最初に沼津へ行かれた時に僕もごいっしょさせていただき、内浦を初体験したんです。波打つ海や頬を揺らす風、優しい街並み、出会った人々との会話、キャストのみなさんが風景に目を輝かせている姿……。その時に世界観を彩るさまざまなエッセンスを直に感じることができ、音楽表現の大きなヒントを得られたことは、とても大きな収穫でした。そこで持ち帰った情報が作曲の始まりでした。

——では、音楽制作の実作業について

※注１
ＴＶアニメ『ラブライブ！』にて、音楽を担当した藤澤慶昌氏のこと。ＴＶアニメ『少女☆歌劇 レヴュースタァライト』では、藤澤氏と共同で音楽を担当する。また、"ラブライブ！呑み"と称し、２で食事に出かけることもあり、プライベートでも親交がある。その様子は加藤氏のツイッターなどで垣間見ることができる。

※注２
サンライズ第8スタジオのプロデューサーである平山理志氏のこと。『ラブライブ！』プロジェクト開始時から、アニメーション制作をプロデュースしている。

※注３
ダビングは完成間近のアニメーションに、アフレコの音声データ、劇伴、効果音などを合わせていく作業。この後、Ｖ編（ビデオ編集）を経てＴＶ局へ納品する完パケが完成する。通常のＴＶアニメ作品では、全話ダビング作業に劇伴作家が立ち会い、その場で音作りをするということはあまりない。

お聞きします。音響監督の長崎行男さんとのお仕事はいかがでしたか？

長崎さんとは『ラブライブ！サンシャイン‼』で初めてごいっしょさせていただきました。音響監督さんは１人として同じスタイルの人がおらず、独特な人が多いですね。長崎さんは音楽制作をしていた経験がある方なので、音楽に造詣が深いのはもちろんのこと、ストーリーの中で劇伴がなにを表現するのか、その役割をコンセプチュアルにとらえていて、流す曲の１つ１つにとても深い意味があるんです。毎週、ダビング作業に参加していたので、それを強く感じました（※注３）。『ラブライブ！サンシャイン‼』の劇伴で特徴的だった点として、ダビングのたびに、毎話２、３曲ぐらいのフィルムスコアリング（特定の映像に合わせて音楽をつけていく技法）の曲があって。ストーリーが進むのに合わせて、追加発注がありました。たとえば２期第１話の冒頭、１カットから13カットの千歌が夢の中で紙飛行機を追うシーン……というような感じで、あらかじめ指定された場所に音楽をつけるんですけど、"そのシーン専用に作った曲をふくらませて、フルバージョンを作る"という作り方をほとんどの曲でしています。なので、その場面の心情や映像に寄り添った具体的な曲になっているのではないかと。ＴＶアニメのスケジュールの切り方だと、劇伴は映像が完成する前に全部納品して作業が終わってしまうことが多いので、新鮮な体験でした。また、ＴＶアニメ１期の時は、それとは別に作品全体を表現するメインテーマや友情のテーマという位置づけの曲が何曲かありましたね。

——サウンドトラックを聴いていると、主題となる旋律がアレンジされて、さまざまな曲に顔を出していますね。

そうですね。1本の映画音楽を作るように、同じモチーフをあえて多く印象的に使っています。実は１期と２期の音楽を違うアプローチで作っているんです。大きな違いとしては１期のサントラの１曲目には『ラブライブ！サンシャイン‼』のメインテーマが入っていて、Aqoursそのものを表現する気持ちで作りました。２期にはそういった曲は存在しません。でも、「起こそうキセキを！」は第１話の最後、決意表明の時に流れる曲だったので、２期のメインテーマと呼ぶにふさわしい曲にしようと決心して作りました。

——この曲の旋律は、「ホントのキモチ」「ダイヤちゃんと呼ばれたい」などにアレンジを変えて登場しますね。

ええ、かなり変奏しています。さらに１期から２期へつながっていく流れを大切にしたくて、１期のメインテ

ーマの旋律のほかに、友情をテーマにした「DETERMINATION」「FRIENDSHIP」などのモチーフをさりげなく２期の曲に混ぜていたり。「起こそうキセキを！」の中にも、すごく注意深く聴かないとわからないレベルで１期のメインテーマが隠れています。それは認識しなくても、感覚で感じられるように……ですね。

——「DETERMINATION」が大好きなファンの方も多いですよね。

ありがたいですね。僕の中ではこの曲と同じポジションなのが「ONE FOR ALL」と「ALL FOR ONE」。前者は「MIRACLE WAVE」のダンスフォーメーションを考案している時の曲です。あのシーンを観た時、Aqoursメンバー全員の「千歌ちゃんがいてこそのAqoursだよ！」という想いを強く感じたのでそれを大事に作りました。また、「一緒に歌おう！」は「起こそうキセキを！」の変奏曲なんですけど、これは２期でルビィちゃんがSaint Snowの理亞ちゃんに「いっしょにやりませんか？」と声をかけるシーンの曲です。実はこれと対になる曲がありまして……。

——それは初耳です。どの曲ですか？

１期の「一緒に始めよう！」という、花丸ちゃんとルビィちゃんの曲ですね。花丸ちゃんに背中を押してもらってスクールアイドルになろうと思ったルビィちゃんが、今度は理亞ちゃんの背中を押すというストーリーにしたくて……。これも大事に作った曲です。この２つのシーンは僕の中で１つにつながっているので、流れる曲も同じ構成にさせていただいています。

——では、加藤さんご自身が、特に大切にしている曲を教えてください。

どれも思い入れがあるのですが、「起こそうキセキを！」ですね。大事な曲になることがわかっていたので、初期の段階から構想を練っていました。１期のメインテーマはAqoursの存在そのものを表現するものだったので、この曲はAqoursの困難に取り組む姿や未来へ駆け出している姿を音楽で表現したいと思いました。第１話の最後で千歌ちゃんが走っていくシーンを観て、ここにハマるものを考えた時に、僕の中で彼女たちの"姿勢"を想起させる音楽で行こうと。仕上がりも気に入っている大事な曲ですね。

——２期ならではの楽曲と聞いて、思い浮かぶものはありますか？

ヨハネと梨子ちゃんの「偶然と運命」でしょうか。この２人のエピソードが描かれることが意外でおもしろいと思い、今までにはないハーモニー感というか、不思議な感じを出してみましたね。交わらない平行線上にあるように

LEAD　　　First of all......　　　PROFILE　　　INTERVIEW　　　No.3

ＴＶアニメ『ラブライブ！サンシャイン!!』の劇伴を手がける若きコンポーザー、加藤達也氏。映像と呼応しながら、時にせつなく、時に激しく、聴く人の心を揺さぶる音楽の源泉を探っていきましょう。

レコード会社の洋楽セクションで働く父親の影響で、幼少時より音楽に親しむ。音楽大学卒業後は映画音楽に惹かれ、劇伴の世界へ。以後、ＴＶアニメ『Free！』など数多くの人気作を手がける。80年代洋楽ポップスが魂。

> 僕は歌モノと劇伴は違うものだとは思っていないですね。根底にあるものは同じ……。情緒的な旋律には歌心が必要だし。だから僕はメロディーを考える時は必ず歌うんです。

見える２人の世界。でも、角度を変えてみたら交わって見える。そんなイメージを曲でも表現してみました。

──なるほど。音楽を作る上でも、そういうイメージは大事なのですね。

そうですね。「偶然と運命」では最初のメロディーが梨子ちゃんで、その次のメロディーがヨハネを表現しています。この２つが１つの旋律に聞こえるように落とし込んでいるんです。それと、これはこの曲だけの方法ではないのですが、映像とシナリオのほかにアフレコへ足を運んでAqoursのみなさんの演技を見ることで曲へのイメージを強めました。アニメの制作過程を見るとそのシーンを深く理解できるので、すごく助けられましたね。

### シナリオを助ける 真の劇伴を作るため ダビング作業にも参加

──加藤さんがダビングに参加するようになったのも、その映像に必要な音楽を作るためなのでしょうか。

はい。１期の時に始めてしまったので、２期があるなら責任を持って最後までやるしかないなって（笑）。本来、選曲は音響監督や監督の采配しだいであって、音楽家の領域ではありません。でも、僕の作った音楽をどう切り取って使っても、誰が選んで使っても、シナリオを助ける音楽になっていなければいけない……と思っているので、そこの部分は心がけて作っていました。１期のダビングの時に「いろいろ提案させてもらいましたけど、大丈夫ですか？」と酒井監督と長崎さんにお話したら、「『ラブライブ！サンシャイン!!』は、全員野球なのでどんどん意見を出してください」と言ってくださって（笑）。その言葉を励みに、「この曲を使うのだとしたら、ここからこっちのほうがいい」「このトラックの違う部分をつないだほうがよりドラマティックでは？」という感じで、積極的に参加しました。それに加えて、酒井監督のイメージを曲に反映させるために現場で編集作業をしたり、異なる編集のパターンを提案したりもしました。ダビングの段階で、音楽を編集して新たに作っていく方法を実践したのは、初めての体験でしたね。第13話の時に、「これでこの作業も終わりか……」と寂しさを感じたのですが、まだ劇場版があると思い直して（笑）。そういえば、酒井監督はとてもイマジネーションが豊かなんです。ご自身の意見はもちろん、９人の想いの丈や情緒も詳しく説明してくれるので、それを受け取って曲を作らせていただくのは非常にやりがいがありまし

たし、楽しかったです。酒井監督が考えているのは、「こうしたら物語が感動的になる」とかそういうことじゃないんですね。まず、Aqoursの人生や生き様を主軸に据えて、こういう子だからこんな行動をするんだと。メンバーの内面に深く潜っているので、説得力があります。生きている人間と同じ、リアルがちゃんと込められているから、９人の想いがしっかり伝わる。それがすごいなといつも思っていましたね。

──ダビング作業の中で、予想以外の使われ方をした曲はありますか？

衝撃を受けたという意味では、１期の鞠莉がヘリコプターで登場するシーンで流れた曲です。「ニネンブリデスカ」という曲なんですけど、もとの曲は「新理事長がやって来るＯｈ！Ｏｈ！Ｏｈ！」。コーラス部分を抜き出してのアレンジでした。最初はインパクトが強すぎるのではと心配で……。「本当にＯＫですか!?」と酒井監督と長崎さんに聞いたほどです。ファンのみなさんにもいい意味でいじられて（笑）。好評だったので、それならサントラに単独で入れちゃおう！　と。２期でもスマホのくだりで１度出てきますね。気づいてくれたかな？

──確かにあの曲は楽しい意外性がありました。ちなみに、物語の進行に合わせての音楽作業……ということは、第13話の制作が終わるまで仕事を？

はい。酒井監督が２期の最終話のコンテを描き上げて、その内容を見てから最後の曲作りに入りました。第13話にはＡパートに「ありがとう、そしてサヨナラ」、Ｂパートに「私たちの輝きはそこに」という長い曲が入っています。前者は梨子ちゃんのピアノから始まるのですが、カッティング（※注４）の映像に合わせてフィルムスコアリングで作りました。あとはウェストミンスターチャイムの音、つまり僕らが学校でよく聴いた〝キンコンカンコン〟の鐘の音ですね。これを１つのモチーフとしてずっと入れています。最後に１期のメインテーマのフレーズを散りばめて、１期からお世話になった浦女との別れの気持ちを込めました。スクールアイドルのAqoursにとって、学校は心のよりどころで大切なもの。彼女たちの統廃合への想いを想像すると、僕も作っていて涙が止まりませんでした。一方、「私たちの輝きはそこに」は、２期のメインテーマの「起こそうキセキを！」のフレーズをそのまま使っています。どちらの曲も第13話のアフレコから得たインスピレーションが反映されていますが、タイトルになっている「ありがとう」や「サヨナラ」には、いろいろなニュアンスがありますよね。絵コンテからもそれを予想も

できるのですが、自分が受ける印象も大事だと思い、実際の演技を見て、その時の感情を込めました。

──ということは、「私たちの輝きはそこに」が最後に作った曲ですか？

劇判の中ではもちろん最後ですね。ダビング当日に納品してます（笑）。

──最初に「起こそうキセキを！」を作った時は、まさかこの曲のフレーズで最後を締めくくるとは……。

まったく想像できなかったですね。なんだかとても感慨深いです。

### 人々を魅了する ドラマティックな旋律は 歌う楽器から生まれる

──劇伴が物語や心情にぴったり合っていて不思議でしたが、これまでのお話を聞いて納得です。続いての質問ですが、加藤さんの旋律は、歌詞が乗って歌えそうなエモーショナルなものが多いと思います。歌と劇伴を同じものととらえているのでしょうか。

まさにその通りで、僕は歌モノと劇伴は違うものだとは思っていないですね。根底にあるものは同じというか、情緒的な旋律には歌心が必要だし。僕はメロディーを考える時は必ず歌うんです。主旋律だけじゃなくて弦楽器のアンサンブルを書いている時、内声の動きを書いてる時もひたすら歌ってますよ。曲自体は鍵盤で作ることが多いのですけど、指の動きと脳みそはちょっとだけ距離感がある。一番直接つながってるのは声だと思うし、声は自分の中からストレートに出てくるものなので、頭の中で創造された音楽を瞬間的にアウトプットできるのは声……。息づかいとか旋律に持たせたい表情や音のカラーを表現するには声が早いので、ずっと歌って作っているんです。むしろ、歌っているものを音符にしたら音楽になるみたいな感じですね。

──最後になりましたが、Blu-ray特別限定盤第７巻の特典として、Aqoursの録り下ろしオリジナルソング「キセキヒカル」が収録されていますね。作曲と編曲は加藤さんですか？

はい、初めてAqoursの歌曲を作りました。「２期のメインテーマを歌にしたものを」というお話があって。アレンジを再構築し、もちろんオケ（リズムや弦楽器を含む伴奏）もこの曲のために、すべて録り直しました。間奏や大サビのセクションには、聴きなじみのあるメロディも聴こえてくると思います。作詞はもちろん、畑亜貴さんです。『ラブライブ！サンシャイン!!』の物語を体感できるものになっていますので、ぜひお楽しみください。

※注４
１カットごとに撮影された画像データを絵コンテに合わせてつないでいく作業のこと。編集とも呼ばれる。基本的にはアフレコとダビングの前に行う作業で、シーンごとの演出やオンエアする尺の調整も同時に行う。

| POSITION | NAME | TITLE |
|---|---|---|
| 作詞 | 畑 亜貴 | 少女たちの想いに胸、焦がす時───。 |

作詞するうえでは、Aqoursがどんな存在であるかより、彼女たちがその時になにを考え、なにを感じているかを表現するほうが大事だと思ってます。

### 始まりは〝1〟未満……Aqoursの気持ちに寄り添いふたたび駆ける青春！

──まずは『ラブライブ！サンシャイン!!』のプロジェクトが始まったころの話からお聞かせください。

依頼がきた当時はμ'sと青春を駆けている最中だったので（※注1）、終わらない青春のターンに入ったと思いました（笑）。メンバー9人のプロフィールやイラスト、舞台しか決まっていない段階だったので、まだ〝0〟なんだ……と思ったことを覚えています。Aqoursの1stシングル「君のこころは輝いてるかい？」や「Step! ZERO to ONE」（※注2）で〝0〟から始めることを描きましたが、後にその〝0から1〟というテーマが、ＴＶアニメの鍵になるとは！　歌に乗せた気持ちが、物語とリンクしていくことに感動しました。

──本作にとって重要な楽曲ですが、どんな手順で作詞されていますか？

まず音楽プロデューサーから、曲とテーマをいただきます。テーマは〝始まり〟などのキーワードだけの時もあれば、具体的な内容や要望をいただく時もあるし、おまかせといわれる場合もあります。ＴＶアニメの主題歌や挿入歌は、さらにシナリオを読んで、どんな歌詞にするかを考えるのが一連の流れになっています。

──Aqoursの曲を作詞する時に大事にしていることはなんでしょうか？

やはり『ラブライブ！サンシャイン!!』という世界観の中のAqours、ということは意識しますね。それから難しくないこと、あまり複雑な漢字は使わないこと、彼女たちが語りかけるような言葉を使うようにしてます。

──「君のこころは輝いてるかい？」を初めて聴いた時は、「わっしょい！」という言葉が歌詞にあって驚きました。そういう飾らない素朴さが、Aqoursの個性なのかな、と。

まずAqoursは、μ'sという憧れの存在に近づきたくて活動を始めたわけですが、その気持ちは幼いですよね。だからまだ難しいことも考えられないし、具体的な夢すらも描けない〝1〟未満の子たちだと思ったんです。「君のこころは輝いてるかい？」なんて、ぬけぬけと問いかけてしまうほどなにも知らない。そんなピュアさを表現しようと言葉も選んでます。素朴さに関しては彼女たちが生活している地域性もあります。沼津は東京に近いけど、もう少しのんびりした地域だと思うので。

──〝1〟未満から始まったAqoursですが、今、彼女たちはどういう存在になったと考えていますか？

Aqoursがどんな存在かは、ファンの方が決めることだと思っています。作詞するうえでは、彼女たちがその時になにを考え、なにを感じているかを表現するほうが大事なのかな、と。ただ彼女たちは成長しましたね。アニメでAqoursが歌い、実際のライブステージに立ったAqoursがみんなの前で歌う。しかもワンマンライブは最初から大きな会場（※注3）だったから、キャストのプレッシャーはすごかったと思うんです。でもそれを乗り越え、よりみんなを楽しませようとしている。ライブを観るたび、Aqoursは頼もしいなと思います。みんな、ライブ後も元気だから、すごいなって（笑）。

──そういえばキャストに楽曲について話を聞いた時、歌詞に自分たちの気持ちが書かれていて驚いたと話していました。畑さんは、実はエスパーなんじゃないかという声も……（笑）。

気持ちがわかるのは、みんなのことが大好きだからですね（笑）。でもステージを観れば、やっぱり彼女たちのがんばりや大変なこと、楽しんでいること、努力、すべて伝わってくるんですよ。だから歌詞は、みんなへの気持ちも込めて書いています。

──ではライブ内容も、作詞に影響することがあるんですね。

ライブを観たことで、次はこういうテーマにしようと考えることもありますよ。函館のユニットライブ（※注4）も、いろんな刺激を受けました。なにより純粋に感動して！　作り手の立場を超えて、単なるスクールアイドルファンとして、彼女たちに会いにきた気持ちになったんですよ。幕開けのSaint Snowのパフォーマンスでガツンとやられ、その後に続いたユニット3組も、それぞれアーティストとしての火花を散らし合って楽しんでいる感じで……。大会「ラブライブ！」を一番身近に感じられるライブかもしれないと思いました。この話はあと1時間くらいは語れる自信があります（笑）。

### 1つの区切りとなった曲は精神的な成長を描いた「HAPPY PARTY TRAIN」

──他にこれまでの『ラブライブ！サンシャイン!!』のプロジェクトや楽曲制作などで、印象に残っていることはありますか？

1つ区切りになったと思ったのは、3rdシングルの「HAPPY PARTY TRAIN」（※注5）ですね。1つの旅を終え、また次の旅に出る。彼女たちが成長して、得たものと失ったものを感じ始めている曲です。

──少し大人っぽさを感じる曲ですが、それはＴＶアニメ1期を経た後に作詞されたからでしょうか？

それもあるかもしれませんが、この曲に関しては具体的なオーダーをいただいてます。〝精神的な別れや成長、脱皮。人との別れを描きつつ……〟と細かくありましたね。あと3rdシングルでいえば、2曲目の「SKY JOURNEY」も好きなんです。これはAqoursが聴き手を励ますような歌ですが、ファンの視点に立つと、Aqoursを応援する歌になるんです。「HAPPY PARTY TRAIN」と関連づけたくて、人生の旅──その途中でみんなとの出会いがある、と考えていきました。それでAqoursとファン、お互いの想いが交差する曲を作りたいと思ったんです。それをどう表現するかと考えた時に、二重の意味を持つ歌詞にするというアイデアが湧きました。私は歌いながら作詞しているんですが、ファンの視点で歌っている時に、なんだかすごく胸がせつなくなってきて……。自分で詞を書いているのに、がんばっているAqoursを応援しようと強く思ったんです。ぜひみなさんもこれを歌って、Aqoursを応援してほしいです。

──3曲目の「少女以上の恋がしたい」は、同じ恋を描いた「待ってて愛のうた」（※注6）よりも、恋の距離感が近づいて、女性の成長を感じました。

そうなんです！　3rdシングルでは女性としての成長も描きたいという気持ちがあったんです。でも「HAPPY PARTY TRAIN」にはそれが込めきれなかったので、テーマを切り分けました。「待ってて愛のうた」のほうでは、恋を知らないゆえにまだ余裕があるんです。でも「少女以上の恋がしたい」は気持ち的にもう一歩踏み込んで、少し切実なんですよね。もっとドキドキしたい、って。知らないことを知りたい、扉を開けたいという少女の好奇心ですね。かわいいです（笑）。

──そういう少女の想いや、ささやかな日常の1コマを描いた歌をよく作られていますが、どこからヒントを得て作詞されているんでしょうか？

心の奥に眠る乙女たちを引っ張り出しています（笑）。今から考えるとあんなにちっちゃいことなのに、あの時はすごくドキドキしていたな、とか。そんな〝少女以上、女性未満〟の時期に生まれる感情がすごく好きなんです。私は〝微熱感〟と言っているのですが、このはかなくて、せつない気持ちを、つねづね形に残したいなと思っていまして……。一生追求したいテーマなので、これからもいろんな角度から書き続けようと思ってます。

※注1
『ラブライブ！サンシャイン!!』のプロジェクトが始まった2015年2月当時、『ラブライブ！』のほうでは、同年6月の完全新作劇場版公開に向けて、μ'sのさまざまなプロジェクトが進行していた。

※注2
2016年10月7日発売のAqours1stシングル「君のこころは輝いてるかい？」のカップリング曲。

※注3
Aqours初のワンマンライブは、2017年2月25日＆26日に、横浜アリーナで開催された。ライブ名は『ラブライブ！サンシャイン!! Aqours First LoveLive!～Step! ZERO to ONE～』。

※注4
2018年4月27日＆28日に、函館アリーナ メインアリーナにて開催された「Saint Snow PRESENTS LOVELIVE! SUNSHINE!! HAKODATE UNIT CARNIVAL」のこと。Aqoursから生まれた3組のユニット（CYaRon！・AZALEA・Guilty Kiss）に加え、Saint Snowが出演した。

| LEAD | First of all...... | PROFILE | INTERVIEW |

Aqoursと青春を駆け抜ける作詞家・畑亜貴氏が公式本に初登場！
9人の1stシングルのこと、ＴＶアニメの曲のこと、ライブのこと。
これまでの出来ごとを振り返りつつ、想いを語ってもらいました。

『ラブライブ！』、『ラブライブ！サンシャイン!!』で生み出された全楽曲の作詞を担当する、稀代の音楽クリエイターであり、アーティスト。アニメやゲームなど、これまでに提供した曲数は、本プロジェクト曲を含めて1700曲を超える。

## No.4

**夢が叶わないなら、なにもやらなければいいかというと、そういうわけじゃないんです、絶対に。今を生きて楽しまないと、明日にはつながらないんです。**

### 駆け抜けた先に見つけた "イマ" の風景とは—— 2期の主題歌&挿入歌

——ＴＶアニメ1期の後、作詞をしていく中で、なにか変化はありました？

1期を経た彼女たちは、現実の痛みがわかってきて、輝くためにはいろんなことを乗り越えなければならないことに気がついた。そんなふうに少し大人になった千歌ちゃんたちの気持ちを、2期の曲では書くようにしてました。

——2期オープニング主題歌も現実の痛みを感じる歌詞があります。最後まで観た後で聴くとより味わい深いです。

私はストーリーに寄り添って主題歌を作りたい派なんです。先々の展開も考えながら、いろいろ仕込むのが楽しくて（笑）。あえてストーリーとは関係ない曲で、効果を倍増させるテクニックを使うこともありますけど。

——では挿入歌は、なにを重視しながら作詞されていますか？

歌に至るまでの気持ちですね。また挿入歌は、本人たちががんばって書いているということを、より強く意識して作詞しています。いろいろなテクニックは使ってますが、それをまったく感じさせないようにする。そこは毎回苦労しているところですね。

——第12話の「WATER BLUE NEW WORLD」も、それまでにAqoursが経験してきたことを感じました。

この時期は、1つの夢は叶わなかったけれど、他の可能性が出てきたし、やってよかったと彼女たちが感じている状態です。叶わないなら、なにもやらなければいいかというと、そうじゃないんですよ、絶対に。今を生きて楽しむ自分がいないと、明日にはつながらないんです。"明日があるからいいさ" と逃げずに、純粋に "イマ" を受け止める。本当に成長しましたね。

——『ラブライブ！』にも、"いま" を表現した曲（※注7）がありますよね。Aqoursとμ'sの物語はまったく違いますが、この時に見た "イマ" の景色は、μ'sが見た "いま" と同じもののように感じたのですが……？

そこはすごく意識して書いています。前提として、みんなで力を合わせてがんばった後にみる景色というのは、ある程度は同じだと思うんです。必死に駆け抜けたからこそ、今をつかむことができた。それはスクールアイドルという大きな枠組みの中で、共通していていいことだ思っています。それに、今ここに存在する自分を肯定できる景色というのは、やっぱりみんなが見たいと思うんですよね。

——この曲は、ファンの反響も大きかったように思います。話は変わりますが、特装限定版Blu-ray用の特典曲の作詞はいかがでしたか？　主題歌とも挿入歌ともまた違うかと思いますが。

特典曲はみなさんもサイドストーリー的なものを期待していると思うので、キャラクターソング寄りに作詞してますね。ここまできた彼女の心境や、こういう状況になったら彼女はどう思うのかなど、ＴＶアニメでは出さなかった部分を少しずつ楽しめたらいいなと思っています。曲もいろんなジャンルのものがあって遊んでいるし、私ものびのびと作らせてもらいました（笑）。

### 制作曲数は1700曲以上！ 歌を作ることへの想いと 日ごろの音楽生活に迫る♪

——畑さんが音楽家になろうと思ったきっかけを教えていただけますか？

子供の時にピアノを習い始めましたが、ただピアノを弾くことよりも、弾きながら歌うことに興味が向いていきました。当時流行っていた歌謡曲を聴きながら、自分もこんなふうに曲を作って歌いたいな、と。でも大人になっていくうちに、歌は好きだけど、自分が歌わなくてもいいかもと思うようになり、自分で作った曲を誰かに歌ってもらいたいという気持ちが大きくなっていきました。仕事で自分で歌うこともあるし、それもうれしいことですが、今は作るほうに興味が向いてますね。

——それで今の畑さんがあるんですね。

最初はAqours以上になにもわからず、ピヨピヨとこの世界に飛び込みました。不安もありましたが、がむしゃらにやっているうちに音楽で食べていけるようになって。今もこうして仕事ができるのは、本当にうれしいことですね。でも生まれ変わったら、次はダンサーになりたいです（笑）。

——え、ダンサーですか？

はい。でもまだ生まれ変わってないので（笑）。この先もずっと音楽の仕事をしていきたいです。

——仕事上、他の音楽家が作った曲に作詞をすることも多いかと思いますが、曲をアレンジしたくなるようなことはないのでしょうか？

それはまったくないですね。歌詞を書く時は作詞家モードなので、その曲を引き立てる気持ちしかないです。この曲がステキに聴こえるようにどんな言葉を使おうか。声がよく出るから、歌いやすいかなとか。歌が得意な方の曲なら、そのテクニックを駆使できるよう、あえて難しい発音の言葉を当てることもありますけど。

——歌詞は感情面だけでなく、歌いやすさも考えて作られているんですね。

それは常に考えてます。情熱だけでは、曲も歌い手も輝かせることはできないので。いろんな視点に立って、1番カッコよくて1番ステキに聴こえるところを探しながら、詞を書いてます。そういうふうに理性的に考えを盛り込んでいくことは、かなりテクニカルな面ではありますが、それは仕事としては当然のことですし。それに私にとっては楽しいことでもありますね。

——自分で歌う曲を作詞する時も、同じように作られますか？

それは変わりますね。自分の歌は曲と詞を同時に作っていくので、まず根本から作り方が違います。それに私という人物や人生のことを見つめて、ひたすら自分自身を掘り下げていく作業になるので……。自分の愚かさに直面して、途中で投げ出したくなるような気分になることもありますし（笑）。でも開き直ってしまえば、自分を表現することが楽しくなりますけど。

——音楽家として、ふだんから心がけていることはありますか？

それは心の健康を保つことですね。心が波立っている時は、いろんな感情が現れるので。歌詞に使う言葉を拾うには役に立ちますが、理性的な部分が少なくなるんです。それよりは健康な心の状態で、不健康な気持ちを掘り下げていく方が、表現者としては高みを目指せるのかなと思っています。

——畑さんは音楽が仕事という生活をされていますが、プライベートな時間でも音楽を聴くことはありますか？

もちろんありますよ。ヴァンゲリス（※注8）など、歌のない曲を聴くことが多いですね。ふつうにリフレッシュしたい時や移動中に聴いたり。朝起きて、その日の気分に合った音楽を選んだりもしていますよ。今どき珍しいかもしれませんが、自分の部屋とリビングにはそれぞれ1台ずつＣＤプレイヤーが置いてあるんです。それで雨の日はこれをかけようとか、いちいちＣＤを選んでプレイヤーにセットする作業から音楽を楽しんでいます（笑）。

——興味深い話をいろいろとありがとうございました。最後に今後の『ラブライブ！サンシャイン!!』で叶えたい夢がありましたら教えてください。

個人的な希望でいえば、またユニットライブの全国ツアーとか（笑）。もっとみんなにも観てもらいたいですし。それから機会があるなら、Saint Snowのフルアルバムを作りたいです！『ラブライブ！サンシャイン!!』は、これからもライブや劇場版などもひかえていますし、またAqoursとみなさんとで、1曲ずつ想い出を重ねていきたいですね。

※注5
2017年4月5日に発売された、Aqours 3rdシングルの表題曲。センターポジションは、「第2回Aqoursセンターポジション総選挙」で1位になった果南が務めた。

※注6
2016年4月27日発売のAqours 2ndシングル「恋になりたいAQUARIUM」のカップリング曲。

※注7
劇場版『ラブライブ！The School Idol Movie』のラストシーンで流れた挿入歌「僕たちはひとつの光」のこと。μ'sとファンの気持ちを代弁するかのようなサビのフレーズ「いまが最高！」に心を打たれる人が続出した。

※注8
世界的に活躍しているギリシャの作曲家。映画音楽も多く手がけている。代表的な参加映画作品は『炎のランナー』（1981年公開）や、『ブレードランナー』（1982年公開）など。

## SUNSHINE♪ MEMORIES vol.3

### 4つのユニットが函館の地で共演する夢のライブイベント
# HAKODATE UNIT CARNIVAL

Aqours初の"ユニット"によるライブイベントが、Saint Snowが育った街・北海道の函館において開催されました。Saint Snowも参加して4組のユニットがここに共演。さらに大宮では、ライブビューイング特別応援会場も！

**1**

▲Aqoursの3つのユニットは1日目に1stシングル、2日目には2ndシングルの衣装を着用しました。

**2**

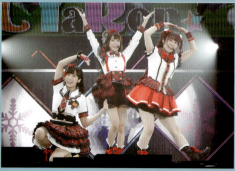

**3**

▲離れた会場にいるキャストと、コール＆レスポンスを行うことができる！

### 各ユニットが華やかに♪ 歌&ダンス&トークを披露

Saint Snowの「DROPOUT!?」で幕を開けた函館ユニットカーニバル。初ライブとは思えない2人の堂々としたパフォーマンスに、観客のボルテージは一気に最高潮へ♪ 会場中のペンライトが鹿角聖良のスカイブルー＆理亞のピュアホワイトに輝き、まるで雪が降っているかのような幻想的なムードに包まれました。続いて「トリコリコPLEASE!!」の衣装でAZALEA、「元気全開DAY! DAY! DAY!」の衣装でCYaRon！、「Strawberry Trapper」の衣装でGuilty Kissが登場し、ユニットそれぞれの魅力をアピールしてライブを盛り上げます。

### Saint Snowもいっしょに!!「ユメ語るよりユメ歌おう」

Saint Snowの故郷・函館で開催されたライブだけあって、鹿角姉妹を演じる田野アサミさんと佐藤日向さんの意気込みも相当なもの。ＴＶアニメ1期第8話の挿入歌「SELF CONTROL!!」を歌いながら、劇中のダンスシーンの魅力を完璧に再現してみせました。もちろん、会場は「Dance now！」の大合唱に♪ そして楽しい時間はあっという間に過ぎ、最後の曲へ──。「ユメ語るよりユメ歌おう」を11人全員でポンポンを手に歌いました♪

### 中継先の特別応援会場でクラスメイトがエールを送る！

一方、4月28日のライブ最終日には、今までにないドキドキの試みも。なんとライブビューイング会場の1つである大宮ソニックシティが函館アリーナと中継でつながっていたんです!! 当日は千歌のクラスメイトたち──よしみ役の松田利冴さん、いつき役の金元寿子さん、むつ役の芹澤優さんが大宮へ駆けつけ、3人とファンの声援がリアルタイムで函館に届けられました。遠く離れていても、気持ちは1つ……。そんな喜びを体感できる時間、ステキです♡

---

**Saint Snow PRESENTS LOVELIVE! SUNSHINE!! HAKODATE UNIT CARNIVAL**
■日 程：2018年4月27日(金)、4月28日(土)
■会 場：函館アリーナ メインアリーナ
■出 演：Saint Snow（田野アサミ、佐藤日向）、CYaRon！（伊波杏樹、斉藤朱夏、降幡愛）、AZALEA（諏訪ななか、小宮有紗、高槻かなこ）、Guilty Kiss（逢田梨香子、小林愛香、鈴木愛奈）

CAST INTERVIEW

# つかんだ
# "夢"のありか。

Aqours　高海千歌役●伊波杏樹

桜内梨子役●逢田梨香子

松浦果南役●諏訪ななか

黒澤ダイヤ役●小宮有紗

渡辺 曜役●斉藤朱夏

津島善子役●小林愛香

国木田花丸役●高槻かなこ

小原鞠莉役●鈴木愛奈

黒澤ルビィ役●降幡 愛

Saint Snow　鹿角聖良役●田野アサミ

鹿角理亞役●佐藤日向

TVアニメ『ラブライブ！サンシャイン!!』2期の
アフレコと並行して、2nd LIVE TOURやLIVE＆FAN MEETINGを
精力的にこなしていったAqoursキャストのみなさん。
めまぐるしい毎日の中でも忘れられない想い、感謝の気持ちなど、
2期の活動で気づいたことを率直に語ってもらいました。
さらに、Aqoursと深い友情で結ばれた姉妹ユニット・
Saint Snowを演じるキャストの2人にも独占インタビューを敢行。
今だからこそ語れる活動秘話を明かします。

LoveLive! Sunshine!!
THE SECOND SEASON
CAST INTERVIEW

Aqours No.1
高海千歌役

# 伊波杏樹

私にとって「輝きたい！」という
想いを持った女の子と出会えた
この作品やAqoursこそが"輝き"。
その光を道標にみんなといっしょに
いろんな景色が見たいです！

### みんなといっしょに輝きを追いかけて最高の景色が見たい！

——ＴＶアニメ２期は伊波さんにとって、どのような体験でしたか？

最初は千歌たちに「また会える！」「ここから新たな物語が始まるんだ」というワクワクで胸がいっぱいでした。それはＴＶアニメ１期第１話のころに感じていた未知の体験へのワクワクとは違って、彼女たちが"生きたしるし"をまた残していけることが純粋に楽しみでしょうがなかったからです。アフレコが始まってからは、千歌と常にいっしょにいる感覚——まるで２つの人生を同時に歩んでいるような感じでしたね。また、２期の放送前には2nd LIVE TOURも開催されたので、９人で過ごす時間も充実していて。「ここの１列、めっちゃキレイ！」とか、テンションの上がるパフォーマンスがすごく増えたし、みんなの成長やチームワークの深まりを感じることも多かったです。それからＴＶアニメ２期の後半から始まったLIVE & FAN MEETINGでは、スタッフとのチームワークの高まりも実感しました。それを一番感じたのは、会場で流れたライブ映像のカメラ割りですね。「未来の僕らは知ってるよ」を歌っている私たちの映像が、オープニング映像のカメラワークと同じになったんです!! それって容易にできることじゃないと思うんです。『ラブライブ！』らしいアニメとの融合を全力で突き詰めてくれるスタッフがいて、全力で応援してくださるファンのみなさんがいて、全力で歌う私たちがいて……。だからこそ、高まっていく熱量があるんだなと感動しました。

——では２期の千歌を演じてみて、新たな発見はありましたか？

大人になったなって（笑）。２期の第１話で「キセキを起こそう！」と千歌の心にボッと火がついた瞬間から挑戦が始まって。最初は泣いてしまったことも、悔しい思いをしたこともあったけど決して諦めなくて。しかも、自分のことだけじゃなくて、メンバーそれぞれの気持ちを考えながら接したり、Aqoursをみんなにどうしたら知ってもらえるのか悩んだり、彼女なりに一生懸命考えていましたよね。そんな千歌のがむしゃらな気持ちが熱く前に出たからこそ、自分を受け止めてくれる仲間がそばにいてくれることの大切さに気づいた。その絆を大切にする気持ちが大きくふくらんでいくのと同時に、千歌の温かさや優しさが前に出ていた印象が強くて、それが私には大人びて見えました。優しさゆえに、一歩引いてメンバーのことを見ている感じ。そこに千歌の成長と１期との違いを一番感じましたね。

——統廃合の問題を筆頭に２期は千歌にとって試練の連続でもありました。それを伊波さんはどう受け止めていたのでしょうか。

私も最初は千歌と同じように、統廃合を阻止できると信じていたから……。台本をもらって結果を知った時は、「えッ、なんで!?」って。当時はＴＶアニメのアフレコを並行してライブの練習もやっていて、沈んだ気持ちを切り替えるのが難しかったです。でも、そんな私に千歌が道を示してくれたんです。「ラブライブ！」に優勝して、浦の星の名前を残す」とか「ぶっちぎりで優勝する」とか、それが私たちのやるべきことなんだって、しっかり宣言してくれました。その言葉に助けられて、私もAqoursの活動をがんばれましたね。

——最後に、千歌はずっと"輝き"を探し求めてきましたが、伊波さんが考える輝きとはなにかを教えてください。

実は輝きって言葉を私が意識したのは、この作品に出会ってからなんですよ。役者の仕事を始めた時は、ステージに立つ人を観て「輝いてるなぁ」と感じることはあっても、自分がそうなるイメージを持ったことがなくて……。だから『ラブライブ！サンシャイン!!』という作品そのものが、私の初めて知った"輝き"なんだと思います。私の人生において、輝きたいって想いを持った女の子と出会えたこの作品やAqoursこそが輝きです。その光を道標に、これからも応援してくださるファンのみなさんといろんな景色を見に行きたいし、いっしょにいろんな夢を叶えたいです。どうかよろしくお願いいたします！

LoveLive!Sunshine!!
THE SECOND SEASON
CAST INTERVIEW

Aqours No.2
桜内梨子役

# 逢田梨香子

想像もしなかった景色に出会い、
ステージに立つたびに
「生きてるなぁ」って実感します。
そういう時に"輝き"という言葉が
思い浮かぶんです。

## 迷いを吹っ切った梨子の成長に感動したTVアニメ2期

——TVアニメ2期の梨子を演じて新しい発見はありましたか？

TVアニメ1期の梨子ちゃんは、迷っていることが多かったですよね。たとえば「ラブライブ！」の予選に出るべきか、ピアノのコンクールに出るべきか……みたいに、いろんな不安や怖れを抱えながらスクールアイドルになる決心をしました。2期はそこがスッキリしていて、Aqoursのみんなと気持ちが1つになり、目指すものが同じになったのを感じましたね。それと同時に「千歌ちゃんを支えたい！」という強い想いもあって。曜ちゃんといっしょにサポートに回っていたので、梨子ちゃん本来の優しい部分——そっと見守りながらもみんなの力になりたい気持ち——を、より強く出そうと意識して演じました。梨子ちゃんの魅力は優しくて千歌ちゃん想いなところとか、いっぱいありますよね？　でも、一番は芯が強くて、まわりを支える力が強いところだと思うんです。縁の下の力持ち的な、絶対にいないとダメな存在……。TVアニメ2期は特にそれを感じるシーンが多かったです。あとは以前よりも感情をはっきりと出すシーンが多かったのも印象的でした。Aqoursとして活動する中で、自分の想いをちゃんと伝えられるようになったのは成長の証だと思ったので「私も役者として成長した姿を見せなくちゃ！」とアフレコに臨んだ記憶があります。

——TVアニメ2期のアフレコの時期は、2nd LIVE TOURやLIVE & FAN MEETINGなどの活動もありましたが、いかがでしたか？

やっている時は体力不足かなと焦ることもありましたけど、いざ終わってみると達成感があってすごく元気に!!「私、まだまだいけるかも？」と（笑）。ライブ終了直後には、次のライブがあったらもっとワクワクするステージを見せたいとやる気が出て……。前に進むことを怖がらない千歌ちゃんたちのように、私も精神的な部分でタフになったような気がします。それにAqoursは一期一会で集まった9人だと思うので、いっしょの時間を大事にしたいです。時間ってアッという間に過ぎちゃうじゃないですか？　プロジェクトが始まった当初は、緊張でドキドキしながらも未知数の未来に胸躍らせていました。いろいろな体験をさせていただいている今だからこそ、初心を忘れずに……。どんな困難が目の前に転がってきても、最初のワクワクを思い出して、恐れずになんでも挑戦してみたいと思っています！

——TVアニメ2期のテーマの1つが、"輝き"を探すというものでした。逢田さんがこのプロジェクトを通じて感じた輝きはありますか？

以前の私は、なんとなく日々を過ごしていたこともありました。それがAqoursの活躍を通して、以前は想像しなかった景色をたくさん見せていただいて。ステージに立つたびに「生きてるなぁ」って実感します。そういう時に"輝き"という言葉が思い浮かぶんです。うまくいえないけど、私が生きてる意味を感じています……。ちょっと大げさかな（笑）。でも、この感覚を大切にして、今は一生懸命がんばらなきゃって思うようになりました。やっぱり、どの瞬間も一期一会だと思うから、二度と訪れない"今"を後悔なく過ごしたいなって。

——では最後に、今改めて感じる本作の魅力を教えてください。

ファンのみんな、スタッフさん、キャスト……とにかくこの作品に関わっている全員の一体感♪　みんなの気持ちは1つ、目指しているところはいっしょ!!　それを感じる瞬間が多くて、たくさんの人に愛されてる作品であることが最大の魅力ですね。こんなにも愛にあふれた作品なんだと、今までの活動ではっきりわかりました。なによりファンのみんなが優しいし、温かいです。私、この前のLIVE & FAN MEETINGで司会を務めて緊張していた時も、お見送りの時も、それぞれの表現で私たちを応援してくれて、みんなホントに愛おしい……。その気持ちはイベントやライブを重ねるごとにどんどん強くなっています。だから私からもとびっきりの感謝の気持ちを、これからの3rd LIVE TOURやイベントでお返ししたいです。

LoveLive! Sunshine!!
THE SECOND SEASON
CAST INTERVIEW

Aqours No.3
松浦果南役

# 諏訪 ななか

9人はいっしょに支え合う仲間であり
ライバルでもあるんですけど……
3年もいっしょにやっていると
家族みたいな空気感（笑）。
そこに確かな絆を感じます。

**Aqoursの武器はいっしょに過ごした3年間で芽生えた絆——**

——初めにTVアニメ2期を終えてしばらく経ちましたが、今の心境や当時を振り返ってみての感想をお聞かせください。

2期が終わってから、これでTVアニメの収録がすべて終わってしまったんだなという寂しさをずっと感じています。まだ劇場版はありますが……。1期の中盤までは3年生組の表情も硬く、重い雰囲気の場面が多くて、後半になってやっと下級生たちと仲よくなれました。でも、2期は序盤から1年生と3年生が協力して曲を作ったりしていたのを見れてよかったです。あとは果南のカワイイ素顔が見られたことがよかった。寂れたお寺をあんなに怖がるなんて（笑）。私もそれまで果南が怖がりなことを知らなかったので、とても新鮮でした。しかも、ルビィは「ピギィ」、花丸は「ずら」が鳴き声なんですけど、まさか果南は「ハグ〜」が鳴き声だったなんて!!（笑）それから当時はアフレコ以外にもAqoursの活動が盛りだくさんで、飴をなめたり、のどスプレーをしたり、白湯を飲んだり……。喉の調子を保つためにできることはなんでもやっていました。特に2nd LIVE TOURの初日は喉の調子以前に緊張し過ぎて、あまり記憶がないんです（笑）。1st LIVEは横浜アリーナでの2公演だったので、名古屋、神戸、埼玉の会場で計6公演を歌いきった時は、やりきった感がありました。そのあとはすぐLIVE & FAN MEETINGがありましたよね。日本と海外を合わせて9都市21公演あって、トークの他に本格的なライブが1時間もある。最初は「そんなにやるの!?」と驚きました。実際にやってみたら、私たちがファンのみなさんの住む町へ遊びに行くワクワク感がすごくて、関東にはなかなか来られないファンのみなさんにも会えて、とても幸せな体験でした。

——2期の物語は〝輝き〟がキーワードになっていたと思いますが、諏訪さんはこのお話にどんな輝きを感じましたか？

私は「ラブライブ！」で優勝したのに統廃合を免れない展開に衝撃を受けました。優勝してもダメなら、どうしたらよかったのかって……。でも、みんなで心を1つにして一途に目標に向かっていくことが輝きで、Aqoursの軌跡そのものが奇跡なんだと果南たちに教えてもらいました。私はそれまで夢を叶えることが輝きだと思っていたけど、TVアニメの中であの9人が集まったこともそうだし、キャスト9人がAqoursとして集まったこともそう。みんな奇跡で誰にも奪えない輝きなんだって——。千歌の奇跡を起こそうという言葉は、初めは学校を救うという意味だったと思うんですけど、必死に現状を変えようとがんばる気持ちが毎日、小さな奇跡をたくさん起こしていたと思うんです。それが大きな輝きになったんじゃないかなと思います。

——ではAqoursメンバーは諏訪さんにとってどんな存在ですか？

いっしょに支え合う仲間であり、切磋琢磨するライバルでもあるんですけど、3年もいっしょにやっていると絆というか、家族みたいな空気感ですね（笑）。函館のユニットライブでSaint Snowとの共演が決まった時、「歌とダンスがうまい2人にAqoursが対抗できることってなんだろう？」ってみんなで考えたんです。……で、その答えが「絆じゃないかな？」って。私たち9人は出会ってからずっと力を合わせて、いっしょにステージに立ってきました。やっぱりライブが一番、9人で支え合ってるという絆を実感できますね。果南がセンターを務める曲「HAPPY PARTY TRAIN」を歌う時はすごく緊張するのですが、みんなが勇気をくれるんですよ。LIVE & FAN MEETINGの千葉公演で（鈴木）愛奈が足を痛めた時は、ステージに立つのは8人だけど心では9人でやろうと話して……。みんなで想い合ってるのが本当に好きです。これからは3rd LIVE TOURや劇場版がありますし、まだまだAqoursにまつわる物語は続いていきます。私は今までと変わらず9人の絆を支えにがんばっていきますので、これからも見守っていってくださるとうれしいです。

LoveLive！Sunshine!!
THE SECOND SEASON
CAST INTERVIEW

Aqours No.4
黒澤ダイヤ役

# 小宮有紗

舞台裏で支えてくれるスタッフの
努力や想いに全力で応えたい。
そして私たちの一番輝いている姿を
ファンのみなさんに観せたいって
いつも思っています。

**衣装のこだわりに込められたダイヤとファンへの真摯な愛**

——ＴＶアニメ２期にはどんな意気込みで臨まれたのでしょうか？
　１期と２期との間が１年以上空いたんですけど、私はその間に他のアニメ作品をやっていなかったので、久しぶりのアフレコでした。でも、Aqoursのキャストとして1st LIVEやイベントに参加する中で、スクールアイドル活動に熱中するダイヤの気持ちを実際に体感することができたので、１期のころよりも彼女の感情を想像で補わなくてもよくなったという意味では、自信を持って演じられました。それもあってか、演技面では自由にやらせていただいた印象があります。ただ、２期は浦女の存続をかけてダイヤたち３年生が動かなくちゃいけない展開が多かったので、そこはしっかり気持ちを伝えなければと気を引き締めてアフレコに挑みました。あとはなんといっても第４話ですよね！　ダイヤのカワイイ内面が描かれるお話だったので、彼女の人間味や存在感をより強く感じられたのでうれしかったです。１期の時はまだ、"完璧な生徒会長"という部分が目立っていて、ちょっと近寄りがたい存在だと思われた方もいたんじゃないかと思うんですよ。それが２期だと「いるよね、こういう子～」という親しみやすいポジションに（笑）。本当はみんなと仲よくしたいのに、その方法がわからずに自分で壁を作ってツンとしちゃうみたいな!!　そんな年相応の愛らしい一面を見せられてよかったです。ルビィとの姉妹愛が描かれた函館での第８話と第９話では、姉として、Aqoursのメンバーとして、家族や仲間とつながった１人の人間としてのダイヤがより強く描かれていて大好きですね。

——２期のアフレコの期間にも2nd LIVE TOUR をはじめ、多くの活動がありました。小宮さんの印象に残っているエピソードは……。
　やっぱり、2nd LIVE TOURは忘れられないですね。「HAPPY PARTY TRAIN」の衣装がライブ当日になっても完成しなくて、会場にミシンを持ち込んでギリギリまで調整していたこととか……。私、ダイヤとしてステージに上がる以上、衣装は大事だと思っています。「あれ？　イメージと違う」となったら、がっかりしてライブも楽しめないんじゃないかなって。だから私はダイヤのイラストそのままの形を実際に衣装で作りたいんです。体のラインをキレイに見せるために、どの衣装もぴったりサイズで作ってもらって。スタイリストさんとも相談して、「バックのボリュームを減らしてください」「お腹の布を削りたい」とか、すごいリクエストしちゃうんですよ。おかげで踊っている時にスカートが落ちてくる心配はないけど、長時間着るのはちょっと辛い。特に「トリコリコPLEASE!!」衣装とか（笑）。でも、絶対そのほうが会場から遠くから見た時も、映像で観た時もシルエットがキレイなんです。

——そのこだわりが華やかなステージを支えているのですね！
　このプロジェクトで表に立つのはAqours ９人ですが、その舞台を作るために尽力しているスタッフの方々は数えられないほどいて。ＴＶアニメだって、びっくりするくらい多くの方々が制作に関わっていて、そりゃ「エンドロール、長い！」ってなりますよ（笑）。そんなたくさんの人々の想いも背負っている――。それをいつも忘れずにいたいと思うと、どうしてもこだわりが強くなってしまって。ライブパンフレットの写真撮影の現場などでもいっぱい意見を出してしまいますね。別にわがままをいうつもりはなくて、この日のために積み重ねてきたものを一番よい状態で出したい!!　と思うと……。いつもあとで「困らせちゃったかな？　申し訳ないな」と思うんですけどね（苦笑）。先ほどお話した衣装にしても、現場で必死に調整してくださる姿もこの目で見ているので。私も全力でその努力や想いに応えたいなって思っています。そして私たちの一番輝いている姿をファンのみなさんに見せたいし、見てほしい――。そのためにこれからもがんばります！

LoveLive!Sunshine!!
THE SECOND SEASON
CAST INTERVIEW

Aqours No.5
渡辺 曜役

# 斉藤朱夏

曜ちゃんのことがすごく大切。
なので彼女のよさを壊したくないし、
彼女が思っていることの
1つ1つをていねいに
感じ取りたいんです。

**ボーイッシュは仮の姿!?　柔らかな曜の気立てに寄り添って**

——まずはTVアニメ2期を無事に終えた感想をお聞かせください。

統廃合の危機や「ラブライブ!」への挑戦を経て描かれた第13話の終わりがとてもきれいだったので、私自身も気持ちがすっきりしました。でも、曜ちゃんたちの物語をもっと観たいという想いは残っていたので、どこか寂しい気持ちもあります。2期の曜ちゃんは梨子ちゃんと千歌ちゃんとの友情関係での成長が目立っていたと思います。彼女はボーイッシュで運動もできて要領よく見えるタイプですが、Aqoursの中で一番女の子らしい性格だと私自身は思っています。そういう部分が2期でも垣間見れて、彼女の小さな成長を見られたかな？そして私も、曜ちゃんといっしょに少しずつ成長していってるなと感じています。曜ちゃんのことをすごく大切にしているので、彼女のよさを壊したくないし、彼女が想っていることの1つ1つをていねいに感じ取りたい、そんな気持ちで演じていました。1期では初挑戦のアフレコにとにかく必死でしたが、2期ではじっくりと、より深く彼女と寄り添える関係になれたと思っています。キャスト全員がそんなふうに成長していたので、その中で演じる緊張感もありましたが。

——2期の曜はフォロー上手なところが出ていましたね。

2期では特に2年生メンバーとの関係性がより深くなったと思っています。梨子ちゃんと曜ちゃんで千歌ちゃんを優しく包み込んだり、ピリつく場の空気をちょっと和らげようとして外に行って思いをぶちまけたり、曜ちゃんならではのフォローがいろんな面で見られました。そして千歌ちゃんがつまずいていたらすぐに手助けしてあげようとしているのが、より鮮明に見えました。きっと曜ちゃんもトラブルがあると内心は焦るんですよ。もし私だったらみんなといっしょに焦っちゃうかもしれない。でも誰か1人は焦らず柔らかい雰囲気にしなきゃいけない

——それが2期の物語の中での彼女の役目だったように思えました。私もライブ中にステージでなにか起こった時、とりあえず笑顔で対応しようとするので、そこは曜ちゃんと似てるかもしれません。

——統廃合問題などの困難に立ち向かうエピソードも多かったですね。

そうですね。私は役に入り込みながら台本を読んでいたので、統廃合が決定した時は「どうしよう!!」ってどん底に落とされた感覚がありました。でも、嫌な気はしなかったです。どん底に落とされたからこそ、壁をぶち壊して1つの夢に対して走っていくAqoursらしさがあったから。彼女たちも私たちキャストも未熟者なので、未熟者たちがどれだけ這い上がれるのか。困難があるからこそ気合も入り、突っ走ろう！という感じになれて、精神的に強くなったと思います。

——お話は変わりますが、斉藤さんは以前からよく曜のセリフへのこだわりを語られていますが、言葉への鋭い感性をお持ちですよね。

私なりに言葉はすごく大切にしてますね！　私の中で言葉は最大の武器だと思っていて、ちょっと言葉を間違えてしまったら人を傷つけてしまうので。なのでこのちっちゃな脳みそを振り絞って一生懸命考えてるのですよ！　変なことを言っちゃうこともありますが、それが私らしいというか、言葉のチョイスにはいつも敏感になってます。私がふれる言葉の中では、畑亜貴さんの歌詞は特別で。とても尊敬しています。『ラブライブ！サンシャイン!!』の歌詞は、10代の少女たちの甘酸っぱさをわかりやすく伝えてくれていて。でもちょっと難しい言葉が出てきたりもするんです。「その言葉でくるかー！」と。私には出てきません。脳みそを交換してほしいです。半分でもいいから交換してもらえないかな（笑）。

——最後に読者のみなさんにメッセージをお願いします。

いつも応援していただきありがとうございます。TVアニメも1期、2期と経て、いろんな彼女たちの姿が見られました。今後も曜ちゃんたち、そして私たちキャストもよりいっそう成長していけたらと思っていますので、これからもどうぞよろしくお願いいたします。

# SHUKA SAITO

*Love Live! Sunshine!! THE SECOND SEASON*

## PROFILE

さいとうしゅか◆幼少のころから学んできたダンスに深い情熱を注ぐ。ライブ中はステージ狭しと踊り続ける！ アニメ『猫がくれたまぁるいしあわせ』（吉本美希役）などにも出演。

LoveLive！Sunshine!!
the second season
cast interview

Aqours No.6
津島善子役
# 小林愛香

根っ子の部分は真面目で優しい
とってもよい子。
なんといっても
名前に"善"が入っている
くらいですから（笑）。

### 善子の「善」はよい子の証！ イイとこいっぱい見つかった♪

——ＴＶアニメ２期の収録を終えた率直な感想をお聞かせください。

１期にてお互いのことをよく理解し合ったメンバーたちが、みんなで同じラインに立って駆け出すところから始まった２期でしたね。お互いに理解が深まったのと同時に見方も変わったと思います。そんな９人が「ラブライブ！」を全力で目指すところが見られた２期は、彼女たちの成長をとても感じることができました。私もアフレコに緊張してばかりいた１期のころより、ヨハネを理解して演じられたかな？

——善子を演じてきて、どんなところに魅力を感じていますか？

毎話毎話いろんな表情のヨハネが見られるな、とすごく驚きますが、根っ子の部分は真面目で優しいよい子なんだと思っています。なんといっても名前に"善"が入っているくらいですから（笑）。それが少しずつ見えてくるのが私は好きでした。単にドドンと優しい印象だとあんまり響かないのですが、優しさを小出しにしているのが彼女らしいなって。最初は強がっていましたが、自分の本当の部分を見せられる友達に出会えて少しずつ変わっていきましたね。演じている私も、そういう部分を見ているとうれしいんですよね。

——そういえば２期では梨子とのシーンも多かったですね。

そうですね。もともと電撃G'sマガジンさんの連載ストーリーでは「よっちゃん」「リリー」と呼び合っていたので、その絡みを私も望んでいました。でもそれが実際にＴＶアニメでも登場するとは思ってなかったです。アニメでは梨子からの「よっちゃん」呼びはなかったですが、梨子を「リリー」と呼んだのが印象的でした。２人はつり目コンビだし、似ているところがあると前から思っていたんです。かわいがっていた犬を手放して悲しんだりするシンクロ具合がかわいかった♪

——ＴＶアニメと並行してイベントやライブなどでもお忙しかったと思いますが、それらの体験を経て新たな発見はありましたか？

最初にライブやイベントのスケジュールだけ聞くと「絶対できないよ！」と思いました。楽しみは楽しみなんですが、「本当にできるのかな……」というマイナスの感情も少し。うれしい気持ちと、どうなるのだろうという不安な２つの気持ちがありましたが、いざやってみると「あ、やれたな！」ってなることが多かったです。やれないことはないのだから、最初から限界を決めるのはよくないと思いました。……とはいえLIVE & FAN MEETINGの21公演はさすがに「無理でしょ!?」ってなりましたけど（笑）。普通のライブだと私以外のユニットの出番の間に休めたりするので、案外と余裕はあるんです。でもLIVE & FAN MEETINGはミニライブといいつつ、休憩も少なくずっと歌っていて濃い時間でした。しかもそれを１日２公演やることもあって。でも、いつしかそれを当たり前のようにやれるようになっていた自分やAqoursが不思議で！ すごく自信につながりましたね。

——LIVE & FAN MEETINGや生配信などを見ていると、１年生のキャストさん３人は息ぴったりですよね。意識していることは？

１年生組はいつも遊んでたりしていてお互いに思ったことをズバズバ言う仲なので。もし気になるところがあるとその場で「こうしたらもっと面白いよね」とかパッとネタ合わせをすることが多いですね。「なにを話そう」「このあとどんな流れにしよう」とか、考えてないようで実は考えています（笑）。いっしょにイベントなどを真剣に取り組んだ上で、真面目にふざけつつやれる仲……なのかな？

——最後に、読者のみなさんにメッセージをお願いします。

劇場版があったり、いろいろなライブがあったりとAqoursはまだまだこれからです。その中で私たちはさらに多くの輝きを見つけて進んでいくので、ファンのみなさんにもいっしょにいろんな景色を見てほしいし、夢をいっしょに叶えていってほしいと思っています。「私たちもAqoursだけどみんなもAqoursだよ！」という気持ちで進んでいくので、これからもよろしくお願いします。

PROFILE

こばやしあいか◆津島善子、もとい ヨハネの背中を全力で追う、ヨハネ愛に満ちたメンバー。TVアニメ『フリージング』EDテーマ「君を守りたい」で歌手デビュー。歌への想いは人一倍。

LoveLive!Sunshine!!
THE SECOND SEASON
CAST INTERVIEW

Aqours No.7
国木田花丸役

# 高槻かなこ

ファンのみなさんの反応を
めちゃめちゃ見ています。
「よかった」といってもらえたら
そこを次は何百倍にも
伸ばそうと思いますね。

**みんなが笑ってくれるから輝ける。かけがえない"10人目"の存在**

——2期を通しての感想や、新たに発見したことを教えてください。

2期は1期の続きのストーリーが見られることがうれしくて、ファン目線でも楽しみでした。2期の花丸ちゃんはギャグ担当のポジションだったかも？　Aqoursのライブにおける私のポジションとも似てるので、楽しんで演じることができました。2期になって初めてわかったのは、ホラーが得意なこと。第2話で近所のお寺に行くシーンがあって、怖いことがあってもほとんど動じないのが新鮮な発見でした。逆に果南ちゃんのほうが苦手だったというのが驚きでしたが（笑）。

——2期の波乱万丈なストーリーには驚きましたか？

そうくるか～、そうなるのか～、と楽しんでいましたよ。次はどうなるんだろうって、メンバーみんなと毎回予想していました。浦の星女学院が統廃合になることには意外とショックは受けなかったんです。そうなるのかな、と心のどこかで思っていたのかもしれません。だってAqoursは奇跡の物語ではなくて、奇跡を追い求めるストーリーなので。統廃合になるほうがAqoursらしい物語になるのかもと。統廃合は阻止できませんでしたが、Aqoursが「ラブライブ！」で優勝できたこと、9人がそこに集まったことが奇跡なんだと思います。つまり、すでに奇跡は起きていたのかな……なんて考えていました。

——Aqoursの仲間たちは高槻さんにとってどんな存在ですか？

いっしょに活動しているのですが、じつはAqoursだけで話し合ったりすることはそれほど多くはないんです。でも知らず知らずのうちに結束してる、不思議な団結力があります。みんなが考えていることもなんとなくわかります。それとは別にライバルとしても「負けないぞ！」と今でも常に思っていたり（笑）。それが自分の原動力になるので、その気持ちはずっと持っていたいです。切磋琢磨できる仲間がいて、モチベーションを上げやすい状態は生きてて楽しいのですよ♪

——Aqoursのみなさんはステージ上でとても輝いて見えますが、高槻さんご自身は"輝き"とはどんなものだと思っていますか？

輝きは自分でわかるものではないと思っています。光の中にいたら、自分が光っているかはわからないのといっしょで。それでも自分が今輝いてるな、と感じる瞬間はライブのMCとかLIVE & FAN MEETINGのトークでみんながワッて笑ってくれた時ですね！　それ以外では自分自身だとよくわからないので、輝くことは全力で楽しむこと、なのかもしれません。私はもともとアイドルが好きで、アイドルが汗をかいてくちゃくちゃになりながらも笑顔で歌って踊っている姿が大好きです。それを味わうには本人ががむしゃらになるしかないから、私はライブの時はとにかくがむしゃらです。観てくださってる方々にその想いが伝わるといいなって……。それを確認したくて私はライブが終わったあとは、ファンのみなさんの反応をめちゃめちゃ気にしています。「あそこがよかった」と言ってもらえたら、そこを次は何百倍にも伸ばそうと思いますね。自分をすぐに評価してくれる人がいるなんて幸せなことじゃないですか。なるべくいい評価も悪い評価も等しく聞いていこうと思っています。傷つくこともたまにありますけど（笑）。すごくありがたいです。みなさんこそがいっしょに楽しんでくれる"10人目のAqours"だと思っているので、ファンの人からの意見ではなく、Aqoursの一員の意見として受け止めています。

——最後にそんな"10人目のAqours"のみなさんにメッセージを！

みなさんと近くで会えることがすごく増えて、よりAqoursをみんなで作ってるんだなと感じられるようになりました。以前のライブで「Aqoursがみんなの生きる活力なれたら」と言いましたが私には、みなさんの存在がすべての活力になっています。なのでお互いギブ＆テイクで！　1人1人が、私にとってもAqoursにとっても『ラブライブ！』にとっても大切な存在なので、いっしょにいるこの時間を大切にしていきたいですね。

LoveLive!Sunshine!!
THE SECOND SEASON
CAST INTERVIEW

Aqours No.8
小原鞠莉役

# 鈴木愛奈

メンバーもスタッフもファンも
みんなの想いがひとつになる。
これこそが
「みんなで叶える物語」の
本当の意味なのかなって……

## つらい時にも支えてくれたファンのみんなに心から感謝を!

——まずはTVアニメ2期を終えた感想をお聞かせください。

1期はμ'sという憧れのスクールアイドルを追いかけていくお話で、2期はAqoursの新しい物語の始まりでした。2期では学院の統廃合に直面したりと第1話からシリアスで、そこにはメンバーに見せる表向きの明るい鞠莉と裏で苦労している鞠莉がいて、それをアニメーションだけではなく声で気持ちが伝わるようにと意識して演じていました。

——2期の鞠莉は苦しい立場に置かれることが多かったですね。

お父さんに最初から最後までずっと無理だといわれても、それでも諦めない姿勢は最後まで鞠莉らしかったと思います。1期の時に3年生同士のすれ違いがあったので、そのぶん気持ちを言葉ではっきり伝えなければと鞠莉も果南もダイヤも学んでますし、だからこそちゃんと伝えようとする姿勢が2期では強く見られました。最初に台本を読んだ時、鞠莉のセリフからそういう気持ちを強く感じ取れましたね。また、つらい表情をメンバーに見せるようになったのも鞠莉の成長だなとも思いました。意外と頑固で幼なじみの2人にしか見せない顔があったのですが、9人でAqoursとして活動してきて、他のメンバーにもこういう姿を見せていいんだ、という気持ちの変化があったんじゃないかな。そういうところで鞠莉の成長が見えて、うれしくなりました。

——鞠莉の人となりで鈴木さんが共感するところ、似たところは?

自分で言うのは恥ずかしいのですが、自分より人のことを想って行動したがるところでしょうか。私はステージ上でもふだんの練習の時でも、いっしょにいる人の気持ちを考えた言動をするように気をつけたいと思っています。仲間思いの鞠莉と、そういうところが似ているといいな、と思っています（汗）。あと、鞠莉を演じることで、私も自分の意思をよりはっきりと他人に伝えられるようになりました。心の中で思っていても口に出さないと伝わらない、というのは鞠莉や『ラブライブ!サンシャイン!!』から教えてもらったことです。この作品に出会わなければ、私は今もそれができていなかったと思っています。だから鞠莉にも『ラブライブ!サンシャイン!!』にも、とても感謝しています。

——ファンの親身な応援は鈴木さんにも励みになることが多いと思います。そんなファンの方々にメッセージをお願いします。

みなさんの応援がなければ私自身もAqoursのメンバーもここまではこれなかったので、みなさんが私たちのことを応援してくれる限り、その何倍、何十倍も恩返しをしたいです。私もっとがんばります。LIVE & FAN MEETINGの千葉公演で私が足を痛めてしまい、急きょライブパートをお休みすることになった時、楽しみに観に来てくれたファンの方々にとても申し訳なく、自分のふがいなさとみなさんの気持ちをずっと考えていました……。でも、ステージ上に出るとファンのみなさんが紫のペンライトを会場が一色になるほど振って、温かく応援してくださっていました。私はその時温かさとともに、『ラブライブ!』というプロジェクトは、毎回毎回違う感動があるんだということを実感しました。ステージでなにが起こるかわからない中で涙を流し、メンバーもスタッフもファンの方々もみんなで想いがひとつになる、これが「みんなで叶える物語」の本当の意味なのかな——そんなことを考えていました。みなさんの優しさにふれられて、すごくありがたくて……今も感極まって泣きそうですが、それをLIVE & FAN MEETINGで改めて感じさせていただいたので、もっともっとみなさんといろんな感動を味わっていきたいです。これからも鞠莉といっしょにがんばるので、いっしょにシャイニーしてくれるとうれしいです♪

LoveLive！Sunshine!!
The second season
cast interview

Aqours No.9
黒澤ルビィ役

# 降幡 愛

ルビィに教えてもらったことが
とてもとても大きくて
私にとっての"輝き"は
ルビィだったんだって
感じています。

**焦っちゃうほどハイスピードで育つルビィを追いかけて……**

——ＴＶアニメ２期を終えた今のお気持ちはどんなものでしょうか？
　２期の収録が終わったあとは、１つの物語が終わったという気持ちとともに劇場版への想いが大きくなっていましたね。黒澤ルビィという子については第8話と第9話で飛躍的に「Hop!Step!Jump!」ってくらい一気に成長しちゃったと思っていて、私的には焦っています……。すごいスピードで成長していくルビィとどう折り合いをつけていけばいいんだろうって、ずっと考えています。それまでは１人であんなにできる子じゃなかったので、すごく驚きました。「花丸ちゃん花丸ちゃん」、「お姉ちゃんお姉ちゃん」っていうみんなにおんぶにだっこな子だったので（笑）。

——ルビィの成長はAqoursメンバーとしての降幡さんにも影響を？
　もちろん自分の心情もかなり変わりました。もともと彼女は私にとってもう"役"という存在じゃないんですよね。私はルビィといっしょにいれる立場で、私でもあるしルビィでもある……難しいですけど（笑）。人生の中でずっといっしょに歩んでいく子なので、私はいつも彼女のことを考えてるんですよ。それは「私こそルビィ！」って話でもなくて。ルビィはこういう子だから私はこうやって接していこうとか、ああそういうところあるよねルビィ……とか、お姉ちゃんっぽい目線でも見たりとか。彼女はいろんな目線から見ることができる子なんですよ。そんなルビィが2期の第8話、第9話ですごく遠くに行っちゃったので、私もすぐにそこに追いつかなきゃ、と焦っています。

——ＴＶアニメ２期では"輝き"が１つのテーマでしたが、降幡さんにとっての輝きはなんでしょうか。
　私自身、声をあてて１つの役……役というか１人の人間を演じるということが、初めてのことだったんですよ。なので、黒澤ルビィに教えてもらったことがとても大きくて、私にとっての輝きはルビィだったんだと感じています。安直かもしれないですがそれに尽きます。ルビィがいなかったら、なにもできなかったんですよ。Aqoursのみんなと出会えたことも、苦手だった歌やダンスの楽しさがわかったことも。みんなルビィがいたから。なので私の輝きは黒澤ルビィ！

——イラストやアニメへの造詣が深い降幡さんに、ＴＶアニメ『ラブライブ！サンシャイン!!』の作画などにもひと言お願いします！
　すごく好みです！　少女マンガではありませんが目のくりっとしたタッチで髪型も多彩で、いろんなかわいい女の子を毎回見られる最高のアニメだなって思います。あとは、いやらしい話ではなく、健康的な女の子の描き方とかもステキです（笑）。とても作画が安定していて、素晴らしいなって思っていました。好きなシーンは、2期第8話でお姉ちゃんと抱き合ってるシーンのルビィ。私、一時期LINEのアイコンにしちゃったくらいかわいかったです。

——２期のアフレコのころは2nd LIVE TOURも重なって降幡さんはご多忙だったと思いますが、そこを乗り越えて成長できましたか？
　1st LIVEの時はとにかく必死でやるだけでしたけれど、2ndは、ただただ楽しかったです！　ルビィを演じる楽しさとは別に、私自身も楽しんじゃいました。カッコいい曲が増えて、それまでとちょっと違ったAqoursが出てきて、ルビィのいろんな表情をそこで研究することもできました。3rd LIVE TOURや劇場版など、今後もワクワクしかないので、全力で楽しみたいですね！

——では最後にファンのみなさんへ改めてメッセージを！
　『ラブライブ！』という大好きな作品で、みなさんと会える機会もすごく増えて、本当に感謝しかないです。みなさんのことは同じもの好きな仲間みたいな意識が私にはあります。いろんな景色を、みなさんに見せてもらいたいし、私も見せたいし。みんなでいっしょに夢を叶えていこう！　っていうのが今一番言いたいことです。10人目のメンバーのみなさんとどんどん、無謀な夢を叶えていきたいです！

## PROFILE

ふりはたあい◆学生時代からイラストを学び、アニメーターを志したこともある個性派キャスト。写真雑誌「フォトテクニックデジタル」誌上で連載企画を担当するなど、アートな才能を発揮中！

## CROSS☆TALK
## Saint Snow

### 佐藤日向 × 田野アサミ
鹿角理亞役　　鹿角聖良役

> みなさんの輝きの中に私も加えてもらえた。それが私にとって一番の輝きです。

> 追い求めているけどわからない輝き……その正体をみなさんと探したいです。

❄ お芝居も歌もお互い支え"愛"……
Saint Snowの2人は
リアルに仲よし姉妹モードだった!

──まずはお2人が『ラブライブ!』と出会った経緯やそのころのお気持ちから聞かせてください。

佐藤日向さん(以下、佐藤):私は高校生のころアニメが好きになり、アニメに関わるお仕事に興味を持ち始めました。『ラブライブ!』のTVアニメももちろん観ていて、μ'sがすごく好きで! 友達とずっと『スクフェス』で遊んでいましたね。そんな体験もあって、Aqoursのオーディションを受けたいと思いました。私は当時、別のアイドルグループで活動していたのですが、憧れのスクールアイドルにも挑戦してみようと。でも、結果はダメで、負けず嫌いな私はメチャクチャ悔しくて……。
田野アサミさん(以下、田野):そうなんだ。それって、すごく理亞じゃん! 理亞っぽいじゃん!(笑)
佐藤:はい! こういった機会があればまた受けたいですと、マネージャーさんにずっとお願いしていて、Saint Snowのオーディションに挑戦するお話をいただけたんです。

──田野さんはいかがですか? 田野さんは当時、すでに歌手や声優、舞台に映像にと活躍されていましたが。

田野:大人のお姉さんやお母さん役かと思っていたら、まさかのスクールアイドルでビックリでした!! もちろん、『ラブライブ!』は知っていて、μ'sの絢瀬絵里を演じていた、なんなん(南條愛乃さん)とは以前から仲よしでした。彼女がμ'sの活動をしている時に、「今からレッスン行ってくる」とか「今から踊ってくる」とか話してくれる時があって、それを応援していたんです。それが逆に、今度はなんなんから「がんばれ!」って応援してもらう側になって。「アサミはアサミのままで、元気な感じをそのまま出せばいいんじゃない?」なんてアドバイスまでもらいました。そのあと、妹役が日向だと知りました。実は日向のことも前から知っていて、初めて会った時、日向は髪を理亞風のツインテールに結って、ニーハイをはいていて。「アサミさん! 私、アニメが好きで『スマイルプリキュア!』を観てました!」って。「なんだこの子! 超かわいい!」みたいな(笑)。
佐藤:最初会った時、そんなお話をしましたね(笑)。
田野:初めて会った時、そんな感じだったよね。私、ひとりっ子なので姉妹が欲しかったけど、『ラブライブ!』でそれが叶ったこともすごくうれしかったんですよ。
佐藤:私もです! 私もひとりっ子だったから。

──では、お2人は現実でも姉妹みたいな関係に?

田野:日向はけっこうしっかりしてるよね。いや、私よりしっかりしてることがよくあるよね?
佐藤:否定は……しませんね(笑)。いっしょに活動するようになって、アサミさんって美人のポンコツ系かもと……。
田野:ええっ!(笑)。確かに抜けてるところがあるのは確かですね。だからその分、聖良を演じる時は、しっかりしようと特に意識してました。
佐藤:アフレコの時は、声優経験が少なく、右も左もわからない私を手助けしてくれるアサミさんに「やっぱりすごいな」と憧れていたんです。それが今年に入って生配信やレッスンでいっしょにいる時間が増えてから、素の愛らしい一面が見え始めて……(笑)。
田野:そんな素の私を出せるっていうのは、姉妹のように心を許してるからなんですよね。ありがとう!
佐藤:そういっていただけると私もうれしいです♪

──アフレコのお話が出ましたが、いかがでしたか?

佐藤:アサミさんは本当に頼もしかったです。
田野:いや、難しかったですよ。1期では聖良がふた言ぐらいしか話せないうちに物語が進み、その中で性格をつかんでおかなければいけませんでした。今までにない経験だったので、戸惑いましたね。Aqoursのメンバーともあまり会話をしていない状態で、次回のセリフの掛け合いはどうしようかな、と本番までは手探りの状態で。いざ本番になると、Aqoursのみんなが作り上げたアフレコの空気を肌に感じて、メンバーのセリフを聞いてい

*Love Live! Sunshine!!* THE SECOND SEASON CAST INTERVIEW

たら自然と声が出ましたけど。日向はどう?

佐藤：空気をつかむというか、芝居の流れに乗っていくのが難しかったですね。舞台やドラマのお仕事をさせてもらう時は、お芝居の輪の中にいるからひと言だけでも乗りやすいんですけど……。声のお仕事だと、イスに座って自分の出番まで待っているというのが私の中でちょっとまだ居心地が悪かったです。芝居はしてないけど、芝居に突然入っていく、というのか難しかったです。

田野：そうだね。相手との距離感もつかみづらいしね。

佐藤：あと、自分で実際に放送を観てから、今の私の芝居では、アニメにうまくなじめないんだなという発見も多かったです。あと1期のころは理亞ちゃんは、「すごく態度が悪い!」という視聴者の方の声もあり、今度はがんばらなきゃと思って。そうしたら2期は「泣いた」「函館行きたくなった」という感想もいただいて、私が理亞ちゃんを演じてよかったなとホッとしました。

**——監督や音響監督からアドバイスはありましたか?**

田野：私の場合、聖良が千歌ちゃんとテレビ電話をする仲になっていたので、1期の時とは違う優しさや、ちょっと近づく感じを声に乗せてくださいといわれました。1期の時は「じゃあまた、うふっ」と意味深に笑ってどこかへ行っちゃうような子でしたけど、2期ではAqoursと目と目を見て話すような関係になったのも新鮮でした。

佐藤：Aqoursにも姉妹がいますよね。私は酒井監督からルビィと理亞は似ているように見えるけど、妹として共通する部分があると説明していただいたので、台本を読んでそのことをずっと考えてました。隣に座っていたルビィ役の降幡愛さんに「こうで大丈夫ですかね?」「いいと思うよ」と話しながら進めさせてもらってました。

**——では2期で印象的だったシーンを教えてください。**

佐藤：私は第8話でルビィちゃんといっしょにツリーを見に行って「いっしょに歌いませんか?」と誘われたところ。やっと理亞ちゃんの警戒心というか、突っ張っている部分が取れた場所だったので、あのシーンは歌って画に入り込めたと思えて印象深いです。2人がいい合うところは、お互いのお姉ちゃんに対する気持ちが同じだと気づけたシーンだと思うし、妹同士の絆が生まれ始めたシーンなので好きですね。そのあとの第9話も、2組の姉妹愛がいいなと思います。

田野：私もルビィちゃんと理亞の妹コンビが、ダイヤちゃんと聖良に歌ができたから聴いてくださいと言うところ。抱きしめる時に「もちろん」というセリフがあって、そこで初めて妹から発信してきたものを感じられて好きだったし、アフレコの空気感も伝わったんじゃないかな。くださったみなさんにも伝わったんじゃないかな。

**——姉妹愛っていいな、という空気に……?**

田野：姉妹愛、私自身もすごくうらやましいですね!

佐藤：お姉ちゃんに自分が成長した姿を見せたいと思う、妹ならではの感情はありましたよね。私にも姉がいるからこうなるんだろうな、と想像しながらお芝居してました。ふだんからアサミさんが私にお姉ちゃん的に接してくださるので、素の自分を混ぜつつ演じたところはありますね。相手がアサミさんじゃなかったら、理亞ちゃんのあのお芝居はできなかったので感謝しています。

田野：うれしい! 日向と降幡さんがアフレコの時にマイク前に立ってる場面を見て、私は自然と台本を強く握りしめていて、すごく不思議な感覚を体験しました。自分が聖良なのか、2つの人間が入り混じっているような心境でした。台本を強く握りしめながら、日向という理亞を「大丈夫かな」と見ていたから、いつもより台本がしわしわでしたね（笑）。

佐藤：あの時、セリフのオッケーが出ると「今のよかったよ」とアサミさんが言ってくださって幸せでした。

田野：今思えば、何様だよって感じだよね（笑）。

佐藤：いえいえ、うまくできたらアサミさんがほめてくれるから、がんばろうと密かに思ってました。セリフが終わって振り返ると、絶対アサミさんが笑顔でいてくれる。もう少しで「お姉ちゃん!!」と呼ぶところでした。

**——お2人が本当の姉妹だったらどんな感じでしょうか。**

田野：このインタビューを読んでいただけたら、それがすべてを物語ってると思います（笑）。

佐藤：こういう感じじゃないですかね（笑）。鹿角姉妹と違うところは、私たちはいつもふざけ合って、ケラケラと笑っている感じですかね?

田野：そういえば、制服を着て2人で姉妹でアーティスト写真を撮っている時も、最後の1枚となると2人でおどけたりなる感じね。あの瞬発力はお互いに似てますね。

佐藤：Saint Snowでは出しちゃいけないポーズとか。

田野：うん、絶対に表に出せない写真だね（笑）。

佐藤：2人だといつもそんな写真を撮ってしまうんです。どの撮影でも、最後はふざけてしまって……。

田野：あとでカメラマンさんに「1枚無駄にしてすみませんでした」と謝ってます。

**——続いての質問です。Saint Snowは「ラブライブ!」の優勝を目指して切磋琢磨していますが、表現者としての2人を見てどう思われますか?**

佐藤：私は今まで2人のユニットで活動したことが一度もなかったので、Saint Snowで2人になった瞬間、いつものステージがすごく広く感じて心細さが……。でも、アサミさんの姿を見たら落ち着いてきて。理亞ちゃんもきっと聖良に支えられて、心細さを乗り越えたのかなって考えたりしました。あとは第8話の「DROPOUT!?」で理亞ちゃんが転んじゃった時の表情ですね。「やってしまった!」みたいな顔をして、そのあとに家で1人で泣いてるのを見ると、その失敗して悔しい気持ちは私も経験があるのでのめりこみました。そして、目指すからには一番を取りたいという気持ちもすごく共感できますね。

**——理亞がダンスを不本意な形で終えたシーンについて、舞台経験が豊富な田野さんはどう思われました?**

田野：言葉がなかった。たとえば舞台の本番で誰かが万が一失敗したら、「ドンマイ」も言えないですね。向こうから発信してくるまで、やっぱり待っちゃう。田野アサミだったら「なかったことにしよう」と思うかも。劇中では、あの直後に立ち振る舞う舞台のが描かれてないんですけど、そこで2人はどんな対処をして、どんな心境だったんだろう、と想像しました。聖良が理亞に「大丈夫だよ」と言葉をかけられたのか、かけられなかったのか……。だって大丈夫なわけないじゃないですか。そういう意味でも、あのシーンは深いなと思います。

### ※ ライバルの垣根を乗り越えた Aqoursとの合同ユニットは ドキドキのゴールドな体験に!

**——Saint SnowとAqoursの関係についてはどう思われますか? 1期のころから印象は変わりましたか?**

佐藤：1期の時はAqoursのことをライバルとしてしか見てなかったと思うのですけど、ルビィちゃんと話す機会があって、作詞や作曲をするようになったって聞いて、ライバルよりも親友みたいな関係になったのかな。いわば、よきライバルに? でも、まさかいっしょに歌って踊ることになるとは想像していなかったので、「Awaken the power」はちょっと手が震えましたね。台本を読んでから焦りつつも、全力でアフレコもがんばりたい、やりとげたいと思って、いろんな感情がぐちゃぐちゃでした。

田野：私は11人で踊って歌っているのを観て、いちファンの意見になっちゃうんですけど「かわいい! やった〜!」と喜んじゃって。もちろんSaint Snowとして2人で歌うのも楽しいですけど、「Aqoursの9人と歌って踊ってる。千歌ちゃんと手を合わせてる! うれしい! かわいい! 衣装キラキラしてる!」……最初にファンのみなさんと同じ気持ちを私も純粋に思いました。これほどに夢中に観てしまう作品を私が出演できたのも奇跡だし、11人でいっしょに歌って踊れることも奇跡。だから、ありがとう聖良♪

**——Saint Aqours Snowの楽曲「Awaken the power」はゴールドディスクにも認定されました。**

田野：みなさんに喜んでいただけたとわかった時は、レコーディングの時の試行錯誤を思い出して、ホッとしました。Saint Snowとして歌うと、Aqoursの世界観が崩れちゃう気がしたんです。そこで聖良だったらAqoursとのバランスを考えて明るく歌うだろうと考えて、それを心がけて歌ってみたんです。

佐藤：私はSaint Snowのレコーディングの時、アサミさんの声を聴きながら歌うのが当たり前になっていて。「Awaken the power」では、それができなかったのでめちゃくちゃ不安になりました。「今日はアサミさんの声を聞けないのか」と……。そのせいか、私はAqoursに引っ張られて理亞ちゃんらしさを失いそうになったので、アサミさんとは逆にSaint Snowらしさを意識して最後まで歌いました。目指しているところはいっしょなのに、逆の方法でバランスを取ろうとするのがおもしろい!

田野：私ね、仲のよい役者さんから「アサミちゃん、よくがんばったね。ゴールドディスクおめでとう」と、突然祝福されて。私が意味がわからずにポカンとしていたら、「今年1年がんばった曲に贈られる賞だよ。CDの金メダルだよ!」と説明されたんだけど、やっぱりピンとこなくて……。だから後日、その賞の内容について詳しく聞いて「そんなにすごいことだったんだ!」と驚きました。ホント、そうでした。

佐藤：私もびっくりでした! 実は第9話が放送されるまで、私たちが受け入れてもらえるかすごく不安だったんです。それが放送直後から「Awaken the power」を聴くと、力がわきます！という感想をくださるファンの方もいて、今はSaint Snowが参加できて、この楽曲を歌えて、本当によかったと思っています。

**——では、「ラブライブ! サンシャイン!!」の魅力や、お2人が本作から得た輝きはありますか?**

佐藤：私が感じる魅力は、がんばる勇気をもらえることですね。ファンの方々も本作を知ったことが、新しいことを始める原動力になってもらえたらうれしいです。私自身もこの作品を見て考え方や視点が変わったり、元気をもらったりしています。そしてなにより、「ラブライブ! サンシャイン!!」という輝きの中に私も加えてもらえたことが、私にとっての輝きだと思っています。

田野：電撃G's マガジンさんではずっと表紙になるようなプロジェクトだし、ファンの方がここまで愛してくれている、それこそが答えだと思います。ファンの方に愛されて応援されることで、それを受けたキャストの私たちは輝くステージに立ってがんばれる……。私は千歌ちゃんとは違って、自分の追い求めている"輝き"がどんなものかまだわかりません。だから、みなさんといっしょに追い求めていけたらいいなと思っています。

**——最後にファンのみなさんにメッセージをどうぞ!**

佐藤：2期はAqoursのみなさんといっしょに歌う機会をもらえて本当にうれしかったです。「ラブライブ! サンシャイン!!」という作品に携われて幸せだし、Saint Snowを応援してくださっている感謝の気持ちでいっぱいです。これからも鹿角姉妹をよろしくお願いします。

田野：みなさんの大切な時間の一部をいただき、TVアニメを観ていただいて、大変感謝しています。みなさんが温かく見守ってくれたこの作品を届けられたことを、本当に幸せに思います。私はSaint Snowとして初めて上映会に登場した時のことを今も忘れられません。みなさんの笑顔で拍手で迎え入れてくれた喜び……。それが私の原動力です。Aqoursを、Saint Snowを、Saint Aqours Snowを、これからも応援よろしくお願いします。

## PROFILE

**たのあさみ**
ボーカル&ダンスユニットBOYSTYLEのメインボーカルとしてデビュー。その後はタレント・女優・声優として、幅広い分野でマルチに活動を続けている。聖良として魅せる圧倒的な歌唱力とダンスパフォーマンスは、まさにAqoursの前に立ちはだかる高い壁である。声優としての代表作は「スマイルプリキュア!」(日野あかね/キュアサニー)など。8月には舞台「七つの大罪 TheStage」(ギーラ)が控えている。

**さとうひなた**
アイドルユニットさくら学院の初代メンバーとして、小学生時代から芸能活動を開始。ユニット卒業後は女優活動を軸にテレビや舞台など数多くのステージで活躍する。若くして得た圧倒的な芸能活動の経験を生かし、実力派アイドルの理亞を演じる。代表作「少女☆歌劇レヴュースタァライト」(星見純那)では、アニメ声優&ミュージカル女優の両面で新境地を見せる。

## SUNSHINE♪ MEMORIES vol.4

千歌たちの大事な故郷♪ これからも……この街といっしょに歩んでいく

# Aqoursと沼津の絆

『ラブライブ！サンシャイン!!』の舞台、静岡県沼津市では数多くの作品に関連したイベントが行われています。Aqoursが暮らすこの街にぜひあなたも足を運んで、沼津でしか味わえない特別な時間を過ごしてみませんか？

### 1

沼津警察署1日署長

### 敬礼!! 沼津警察署1日署長に斉藤朱夏さんが就任しました！

2018年1月10日、"110番の日"に斉藤さんが沼津警察署の1日警察署長を務めました。署内にて委嘱式が行われたあとは、TVアニメでも登場した仲見世商店街でセレモニーを開催。斉藤さんは警察車両の現場指揮車に乗って、110番の使い方や犯罪防止を呼び掛ける街頭広報を行いました。警察官の制服姿での敬礼がバッチリ決まってます。制服好きの曜が見たら喜びそう。

### 2

リアル脱出ゲーム×ラブライブ！サンシャイン!!「孤島の水族館からの脱出」～消えた宝物を取り戻せ～

### あわしまマリンパークで開催された謎解きゲームが大人気

「リアル脱出ゲーム」とのコラボイベントは、あわしまマリンパーク内でAqoursの宝物を見つけ出す謎解きゲーム！ 専用アプリでメンバーの音声を聴きながら施設内を探索するから、実際に9人と過ごしているような気分が味わえます♡ この音声はストーリー仕立てになっていて、ライブに必要なアイテムが入ったトランクを探しつつ、隠した犯人を見つけ出すことに。また淡島には、淡島神社やホテルオハラ（淡島ホテル）といったTVアニメに登場した場所が多数あって、1日では遊びきれないくらいに見どころいっぱいでした。（イベントは終了済）

### 3

ラブライブ！サンシャイン!!×あげつち商店街クリスマスパーティー

エイプリルフールサプライズ

キャンドルナイトin三津浜

### 沼津に何度も行きたくなる地元密着型のイベントが魅力♪

沼津・内浦では季節の行事に合わせ、『ラブライブ！サンシャイン!!』をイメージしたイベントもたびたび行われています。2016年に続いて2017年にも、TVアニメ1期第6話のエピソードをイメージしたキャンドルナイトが三津浜にて実施されました。また、地元の商店街が主催したクリスマスイベントでは花火のサプライズも!! 2018年のエイプリルフールでは三津浜に突如巨大な千歌が出現。さらにその日は安田屋旅館の看板が千歌の実家・十千万旅館のものに変わっていたんです。こんな楽しいビックリだったら大歓迎ですね♪

花火写真提供：つじ写真館様ほか地元の皆様

COSTUMES

## Aqours & Saint Snow
# 秘密のクローゼット

アニメーターの衣装デザイン解説●室田雄平　藤井智之　河毛雅妃　鈴木理彩

スクールアイドルがステージで身にまとうドレスは、
どれもキュートで、華やかで、目を奪うものばかり♪
じっくり鑑賞したいけど、ダンスが早すぎてディテールが……。
というみなさんの要望に応えるべく、
TVアニメ２期に登場したAqoursとSaint Snowのステージ衣装を
こっそりお見せします。衣装デザインを担当した
アニメーターの制作秘話には、あっと驚くこだわりが!!
意外なあの子同士がおそろいだったり、ドキドキです♡

# School Idol's Closet 1

## 未来の僕らは知ってるよ

\\ Let's Open! //
デザインの引き出し

### 室田雄平
YUHEI MUROTA

**未知の大海原へ出航!!
Aqoursの"始まり"を
象徴するマリンスタイル**

　ＴＶアニメ２期のオープニング主題歌の衣装なので、Aqoursの象徴になるようなデザインを目指しました。酒井監督からも、そのようなリクエストがありましたね。２期で改めて"出発する"という意味も込めて、"船"だったり、"桜"だったりと、ポジティブな始まりをイメージできるようなモチーフを使っています。
　個人的には、ヨハネの頭についてる棺型のリボンが気に入ってるのですが、誰にも気づいてもらえません（笑）。
　この衣装はキャストが着ることを想定してデザインしませんでした。それを意識してしまうと、他のいろいろな要素との両立が難しくなって、結果、デザインの発想がつまらない衣装が完成してしまうことがあるんです。なので、実際に「みら僕」の衣装を着たAqoursキャストを観た時、すごくかわいく着こなしてもらえていたので安心しました。私の描いたイラストから実際に着るためのライブ衣装をデザインして仕立てている方は、本当にすごいと思います。
　それから、これはどの衣装にも言えることですが、「この子とこの子は同じパーツをつけているけど、踊る前にどんな物語があったんだろうか？」というように、ダンス衣装をステージの上でだけで完結するのではなく、きちんと前後にあるストーリーを想像できるように、デザインしています。

| School Idol's Closet 1 | 未来の僕らは知ってるよ |

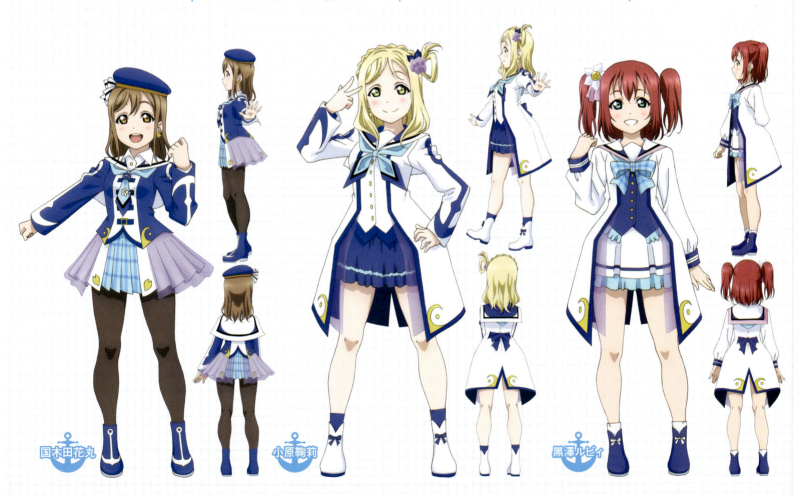

## 2

## MY舞☆TONIGHT

\ Let's Open! /
デザインの引き出し

### 藤井智之
TOMOYUKI FUJII

**"和ロック"をテーマに
今までとは違う方向性で
斬新な和装を作りだす**

「MY舞☆TONIGHT」の衣装デザインは、曲を聴いた印象と、酒井監督から"和ロック"というキーワードをもらっていたことから、コンセプトがすごくはっきりしていたのでわりと素直にやっています。これは2期全般に言えることですが、酒井監督からは「これまでの『ラブライブ!』ではやっていないラインを模索しよう」という提案がありました。なので、デザイン的なアプローチ以外にも、衣装への柄の張り込みだったり、「Awaken the power」でもやっている衣類の質感の出し方だったり、撮影さんには技術的にだいぶ無茶をお願いしてしまいました。ほんとすみません!!
自分としては、この衣装では外見の印象を大きく変えたいと思い、メンバーの髪型を変えることにこだわりました。ただ、根本的に変えると3Dモデルの作り直しとなり、TVシリーズとしては費用と時間がかかりすぎてしまうんです。そこで今あるモデルに、ウィッグとして1個パーツを足すという方法を模索しました。
鞠莉の髪型は花魁をイメージしているのですが、花魁の現代解釈ってなんだろうと思ったら盛り髪かなぁとか。果南は「HAPPY PARTY TRAIN」のモデルを上手に使って、かんざしを差せば江戸時代の壺振りっぽくなるなぁとか、ダイヤはお姫様っぽくとか、そんな妄想で描いてます。ちなみに、千歌はお団子をみかんに、イヤリングをみかんに、髪飾りをみかんの花にと、みかん尽くしです(笑)。着物の花柄は静岡の県の花を調べたらツツジだったので、統廃合阻止の命題も意識したご当地要素としてあしらってみました。
この衣装で実際にAqoursが踊っているのを観た時は、鞠莉のエアギターが振りつけに取り入れられ、第2話からの流れが歌詞などにも散りばめられていたので、思わずもう一度、第2話を観直してしまいました。

# School Idol's Closet 3

## 君のこころは輝いてるかい？

\ Let's Open! /
デザインの引き出し

## 河毛雅妃
### MASAKI KAWAKE

**μ'sの妹分らしく
ピュアでかわいらしい
ドレスを目指して**

すべての衣装デザインに共通することだと思うのですが、私が特に心がけているのは「テーマをわかりやすくする」ということです。すぐに迷走してしまうので……。Aqoursの1stシングルでもあるこの曲の衣装を手がけるにあたって、酒井監督から「テーマは海と太陽で！」、「Aqoursは『ラブライブ！』のμ'sの妹分になるので、純粋でかわいらしい感じをください」というリクエストをいただきました。物語の舞台が沼津ということで、私も海とキラキラ輝く太陽のイメージを特に意識していましたね。あとは海兵さんの制服を参考にしたりしました。

悩みながらでき上がった衣装なので、「これだ！」と直感的に作った記憶はあまりないのですが、ラインを入れたネクタイのデザインは最初から決めていたような気がします。

苦労したことといえば、"妹分"の感じを出したくて、ハイウエストにこだわりました。ただ、描いてるうちに高さがよくわからなくなってしまって……。悩みすぎましたね。スカートは作画が大変だった記憶もありますが、交互の色味がおもしろくて気に入っております。

実際にAqoursのキャストがこの衣装を身にまとって踊っている姿を観た時は、感動しました。スカートがアニメーション以上にフリフリふわふわで、よりいっそうかわいらしさが出ていてうれしかったです。

School Idol's Closet 3 | 君のこころは輝いてるかい？

# School Idol's Closet 4

## MIRACLE WAVE

\ Let's Open! /
デザインの引き出し

### 藤井智之
### TOMOYUKI FUJII

**とにかく動きやすく！
チームの一体感と
躍動を感じる衣装を**

　まずは「全体的にチーム感を出したいね」という話を酒井監督としていて、グループ名や各メンバーのイニシャルを衣装に入れることに決めました。さらにダンスにアクロバット要素が多くあるので「とにかく動きやすく」というオーダーも受けました。

　自分としても、実際にキャストのみなさんがライブの時にこの衣装を着てダンスを再現することを想定して、動きやすさを一番に考えたのを覚えています。なので、ステージ上の床の材質がわからないので、手袋をつけると滑りやすいかもなぁとか、足はレッグカバーにしておけば、その下に動きやすいスニーカーをはいても気にならないかなー……とか。そんなことを考えながらデザインしていました。

　あと善子の衣装デザインをする時は、隙あらばリトルデーモンの要素を入れてあげたいなぁと思っていて（笑）。ツノもそうですが、背中の名前も善子ならしれっと"ヨハネ"って刺繍するんじゃないかな、とか想像しながらデザインしています。ちなみに花丸は"HANAMARU"だと文字数が多くてちょっとうるさく見えるので、すっきりしてかわいかった"MARU"を採用しました。

　第6話のライブパートでは、自分の想像どおり、メンバーがすごくよく動いていました！　その時にしみじみ思ったのは、机の上でひたすらがんばる映像班と、ステージで実際に踊る声優さんと……。『ラブライブ！サンシャイン!!』は、本当にいろんな人のがんばりでできてるんだなぁ。

| School Idol's Closet 4 | MIRACLE WAVE |

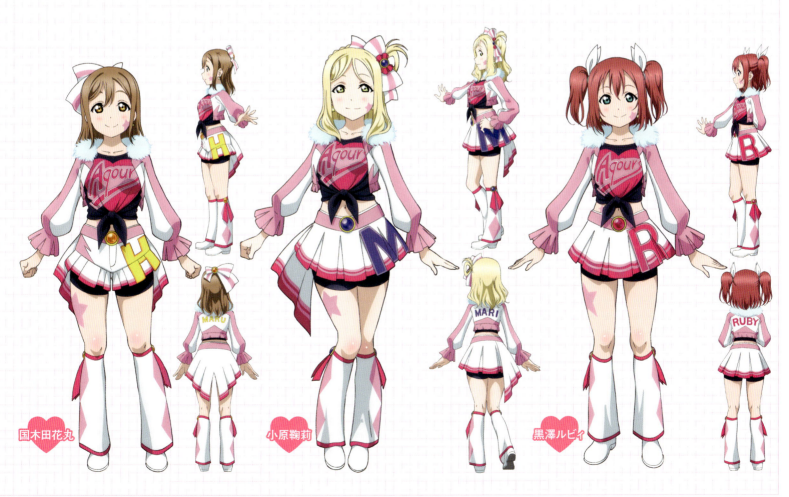

# School Idol's Closet 5

## Awaken the power

\ Let's Open! /
デザインの引き出し

## 室田雄平
YUHEI MUROTA

### キラキラ＆ギラギラ☆ 撮影後のゴージャスな質感にビックリ！

「Awaken the power」は函館で踊る衣装ということで、"雪の結晶"だったり、"クリオネ"だったり、北国のイメージを盛り込んでデザインしました。酒井監督からのデザイン的なリクエストも、雪がキラキラ舞っているような、やはり北国らしいものだったと思います。

この衣装に直線的なシルエットを入れてみたのですが、こういう試みはあまり今までやってこなかったことなので、デザインをまとめるのに苦労した記憶があります。

ビックリしたのは、撮影が乗ったあとの衣装が、キラキラというよりギラギラしてゴージャスになっていたことですね（※注）。実際にキャストのみなさんが着て、ステージで踊っている姿を早く見たいです。

※注　衣装の光の演出は撮影の段階で入れているため、アニメーターが受け持つ作画作業の段階では、まだ存在していない。完成映像を観て、驚いた人は多いはず。

\ Let's Open! /
## デザインの引き出し

# 藤井智之
## TOMOYUKI FUJII

**雪の結晶の造形美と
輝きを身にまとって
夜に映える装い**

「Awaken the power」では、Saint Snowの衣装を担当しています。酒井監督の中には、Aqoursのほうが白系、Saint Snowのほうが黒系という衣装イメージがありました。あとは"幾何学的""黒サンタ"などのキーワードをもらいました。曖昧な表現に聞こえるかもしれませんが、衣装は楽曲をもとに毎回、ゼロからデザインのイメージを作らなければいけないので、毎回、監督から方向性を示したキーワードをもらって作業を進めます。その解釈にものすごく幅がある言葉が多いので大変ではあるけれど、全部任せてもらえるので楽しく作業しています。

この衣装を作るにあたり、フィギュアスケートや雪の結晶をいろいろ見ました。でも、グループ名から連想した雪と黒サンタのほうにデザインを振ってしまうと「スノハレ」（※μ'sの2ndシングル「Snow halation」のこと）寄りの衣装になってしまいます。しかも、今回のステージは夜。「スノハレ」と同じアプローチでは、夜に映える黒い衣装は望めないかもと思ったので、雪の結晶のモチーフほうに重きを置いたほうが、今までとは違ったものになるのかなと……。そこで考えたのが、全体を幾何学的なシルエットでまとめつつ、フィギュアスケートの衣装のようにスパンコールでキラキラさせるデザイン。そのような要素を混ぜることで、夜にも映えてキレイに見えるといいなぁと思いました。

自分が担当するダンス衣装のデザインとしては、第9話がラストでしたので、完成した時は、とりあえず役目は果たせたんじゃないかなと一安心しつつ、「あとは室田君まかせた！」と思っていました。

本作の衣装すべてに共通している大前提として、室田君のデザインがすごくしっかりしているので、少し冒険しても作品としてまとまるという安心感があります。なので自分の役割としては、室田君が使わなそうなラインのデザインを考えるように心がけてます。

| School Idol's Closet 5 | Awaken the power |

# DROPOUT!?

\\ Let's Open! //
デザインの引き出し

## 鈴木理彩
RISA SUZUKI

### ロックスピリッツを秘めた少女たちのクールな戦闘服

　私が衣装デザインで一番重要視しているのは、シルエットでしょうか。一発で印象に残り、二度見してしまうようなデザインが理想です。
　今回は酒井監督からは、Saint Snowのための"ハードでロックな衣装"というオーダーをいただきました。制服風のドレスやフードなども、打ち合わせの段階で監督からいただいたイメージです。デザイン案を検討している時、「もっと攻めていいですよ」とご意見をいただき、ガーターベルトや破れたタイツ、黒のグローブなど、ハードなアイテムを盛り込んだスタイルになりました。特にこだわったところは、クールな衣装というところです。なので、スッキリしたシルエットになるよう、あれこれと奮闘しました。あとは揺れものがゴテゴテしすぎないよう、調節するのにも苦労しましたね……。リボンがいいアクセントになっていると思います！
　残念ながら、ＴＶアニメ本編ではSaint Snowがこの衣装を着て踊るシーンはなかったのですが、ダンスが映える衣装を目指しましたので、今後踊っている姿が観れることを願っています。よろしくお願いします！

# School Idol's Closet 7

## WATER BLUE NEW WORLD

\\ Let's Open! //
デザインの引き出し

## 室田雄平
### YUHEI MUROTA

### 「ラブライブ！」で勝利をつかむにふさわしい最高の衣装を!!

この衣装は、「ラブライブ！」決勝で勝利するにふさわしい、今までで最高の衣装をコンセプトに作られました。劇中でモチーフとして多用されてきた"羽根"から羽ばたく白鳥を連想し、そこからバレエ衣装へとイメージを展開させてデザインを決めていったんです。ちょうどデザインをする時期に、妻といっしょにバレエ作品の「ジゼル」を観に行った影響も大きいかもしれません。

酒井監督からは、デザインに使う線の量や3DCGの制約だったりを気にすることなく、とにかく最高のデザインにしてほしいというオーダーがありました。

そのおかげで、髪型の大きな変更だったり、超ロングスカートだったり、TVシリーズでは今までやることができなかったことにチャレンジできたのがよかったです。要望やわがままを聞いてくださったCGアニメスタジオのサブリメイションさんには、ただただ感謝しかありません。

この衣装も実際にキャストのみなさんが着て、ステージで踊っている姿を超観たいです！

| School Idol's Closet 7 | WATER BLUE NEW WORLD |

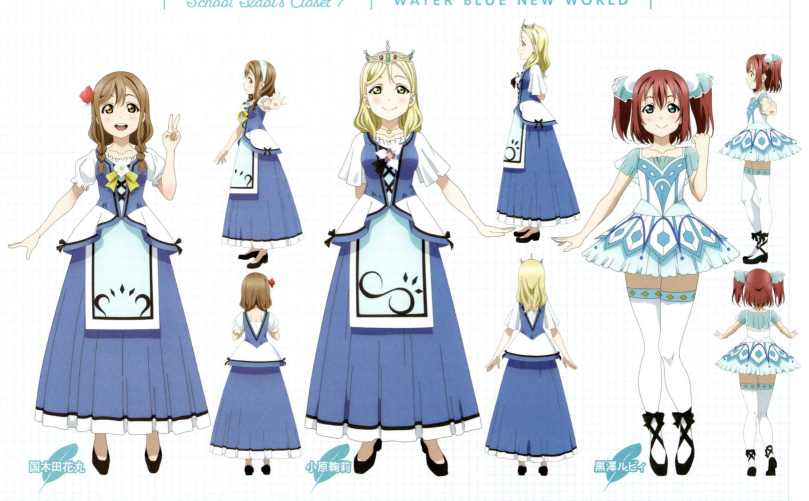

# EPISODE DATABASE

TVアニメ2期各話紹介【第1話～第13話】

『ラブライブ！サンシャイン!!』TVアニメ2期のストーリーを総まとめ。挿入歌と各話のメインスタッフリストと合わせてお届けします。この本を読みながら、気になるエピソードを振り返りたい時にどうぞ♪

## STAFF
- 原作：矢立肇 ■原案：公野櫻子 ■監督：酒井和男
- シリーズ構成：花田十輝 ■キャラクターデザイン：室田雄平
- セットデザイン：高橋武之 ■美術監督：神山瑤子、鈴木くるみ ■色彩設計：横山さよ子
- CGディレクター：黒﨑豪 ■撮影監督：杉山大樹 ■編集：今井大介
- 音響監督：長崎行男 ■音楽：加藤達也 ■音楽制作：ランティス、サンライズ音楽出版
- アニメーション制作：サンライズ
- 製作：2017プロジェクトラブライブ！サンシャイン!!
- サンライズ、バンダイビジュアル、ランティス、ブシロード、KADOKAWA アスキー・メディアワークス

## CAST
- 高海千歌：伊波杏樹 ■桜内梨子：逢田梨香子 ■松浦果南：諏訪ななか
- 黒澤ダイヤ：小宮有紗 ■渡辺曜：斉藤朱夏 ■津島善子：小林愛香
- 国木田花丸：高槻かなこ ■小原鞠莉：鈴木愛奈 ■黒澤ルビィ：降幡愛

## OPENING CREDIT
- 企画：佐々木新、上山公一、井上俊次、広瀬和彦、塚田正晃 ■原作：矢立肇
- 原案：公野櫻子 ■企画プロデューサー：田中紀明、櫻井優吉、高野希義
- シリーズ構成：花田十輝 ■キャラクターデザイン：室田雄平
- メインアニメーター：藤井智之、平山円、佐野恵一 ■美術監督：神山瑤子、鈴木くるみ
- セットデザイン：高橋武之 ■色彩設計：横山さよ子 ■CGディレクター：黒﨑豪
- 撮影監督：杉山大樹 ■編集：今井大介 ■音響監督：長崎行男
- 音楽プロデューサー：大久保隆一 ■音楽：加藤達也
- プロデューサー：平山理志、槙本裕紀 ■監督：酒井和男
- アニメーション制作：サンライズ

## OPENING & ENDING THEME SONGS
オープニング主題歌「未来の僕らは知ってるよ」
- 作詞：畑亜貴 ■作曲：光増ハジメ ■編曲：EFFY
- 歌：Aqours……高海千歌(CV：伊波杏樹)、桜内梨子(CV：逢田梨香子)、松浦果南(CV：諏訪ななか)、黒澤ダイヤ(CV：小宮有紗)、渡辺曜(CV：斉藤朱夏)、津島善子(CV：小林愛香)、国木田花丸(CV：高槻かなこ)、小原鞠莉(CV：鈴木愛奈)、黒澤ルビィ(CV：降幡愛)

オープニング・アニメーション
- OP絵コンテ・演出：酒井和男 ■OP作画監督：後藤望、永富浩司、鈴木勇
- OP総作画監督：室田雄平
- OP原画：アミサキリョウコ、河毛雅妃、後藤望、鈴木勇、鈴木勘太、鈴木理彩、永富浩司、平山円、堀井久美、水野辰哉、山元浩、渡邊敬介
- OP3DCGI：サブリメイション ■OPCGディレクター：黒﨑豪
- OPCGアニメーター：佐藤真、神谷宣幸 ■OPモデリング：鹿野文浩、土方稜平
- OPコンポジット：本田崇、喜多隆宏 ■OPCGテクニカルディレクター：小林東

第13話 オープニング主題歌「青空Jumping Heart」
- 作詞：畑亜貴 ■作曲：伊藤賢、光増ハジメ ■編曲：EFFY
- 歌：Aqours……高海千歌(CV：伊波杏樹)、桜内梨子(CV：逢田梨香子)、松浦果南(CV：諏訪ななか)、黒澤ダイヤ(CV：小宮有紗)、渡辺曜(CV：斉藤朱夏)、津島善子(CV：小林愛香)、国木田花丸(CV：高槻かなこ)、小原鞠莉(CV：鈴木愛奈)、黒澤ルビィ(CV：降幡愛)

第13話 オープニング・アニメーション
- OP絵コンテ：酒井和男 ■OP演出：安藤良
- OP作画監督：後藤望、永富浩司、古川英樹、渡邊敬介
- OP総作画監督：河毛雅妃、佐野恵一、平山円、藤井智之
- OP原画：アミサキリョウコ、今西亨、江上夏樹、尾崎正幸、小野旭、河毛雅妃、監物ケビン雄大、後藤望、鈴木勇、永富浩司、西澤千恵、林志保、平山円、藤井智之、堀井久美、牧俊治、山元浩、吉田雄一、渡邊敬介 ■OP3DCGI：サブリメイション
- OPCGディレクター：黒﨑豪
- OPCGアニメーター：佐藤真、川口隆浩、伊藤香太朗、神谷宣幸
- OPモデリング：香田一成、伊藤修兵 ■OPコンポジット：本田崇
- OPリギング：小林東

エンディング主題歌「勇気はどこに？君の胸に！」
- 作詞：畑亜貴 ■作曲：小高光太郎、UiNA ■編曲：小高光太郎
- 歌：第1話 高海千歌(CV：伊波杏樹)、桜内梨子(CV：逢田梨香子)、渡辺曜(CV：斉藤朱夏)
  第4話 黒澤ダイヤ(CV：小宮有紗)
  第5話 桜内梨子(CV：逢田梨香子)、津島善子(CV：小林愛香)
  第8話 津島善子(CV：小林愛香)、国木田花丸(CV：高槻かなこ)、黒澤ルビィ(CV：降幡愛)
  第10話 松浦果南(CV：諏訪ななか)、黒澤ダイヤ(CV：小宮有紗)、小原鞠莉(CV：鈴木愛奈)
  第11話 Aqours(高海千歌(CV：伊波杏樹)、桜内梨子(CV：逢田梨香子)、松浦果南(CV：諏訪ななか)、黒澤ダイヤ(CV：小宮有紗)、渡辺曜(CV：斉藤朱夏)、津島善子(CV：小林愛香)、国木田花丸(CV：高槻かなこ)、小原鞠莉(CV：鈴木愛奈)、黒澤ルビィ(CV：降幡愛)、高海志満(CV：阿澄佳奈)、高海美渡(CV：伊藤かな恵)、よしみ(CV：松田利冴)、いつき(CV：金元寿子)、むつ(CV：芹澤優)、しいたけ(CV：麦穂あんな)、解答者A(CV：山北早紀)、解答者B(CV：千本木彩花) その他女子生徒(CV：三宅晴佳、嶺内ともみ、小松奈生子、岡咲美保、続木友子、小野寺瑠奈、原РП祥子、米山明日美、二ノ宮愛子、樋口桃、木本久留美、成岡正江、小田果林、内田愛美、森永たえこ)
  第2話＆第7話 Aqours……高海千歌(CV：伊波杏樹)、桜内梨子(CV：逢田梨香子)、松浦果南(CV：諏訪ななか)、黒澤ダイヤ(CV：小宮有紗)、渡辺曜(CV：斉藤朱夏)、津島善子(CV：小林愛香)、国木田花丸(CV：高槻かなこ)、小原鞠莉(CV：鈴木愛奈)、黒澤ルビィ(CV：降幡愛)

エンディング・アニメーション
- ED絵コンテ・演出：酒井和男 ■ED作画監督：酒井香澄
- ED総作画監督：室田雄平 ■ED原画：河毛雅妃、酒井香澄、山元浩

EPISODE DATABASE

| 第1話 | ネクストステップ |

■脚本：花田十輝　■絵コンテ・演出：酒井和男
■総作画監督：佐野恵一、平山円、藤井智之、室田雄平　■作画監督：尾尻進矢、鈴木勇、水野辰哉

統廃合の危機を迎える浦の星女学院の魅力をアピールし、入学希望者を増やそうと「ラブライブ！」に出場したAqours。結果は惜しくも地区予選で敗退となったが、2学期を迎え、次回「ラブライブ！」に向けて新たにスタートを切る！　そんな千歌たちに鞠莉が衝撃の事実を明かす。浦の星は正式に来年度の募集をやめる――突きつけられた厳しい現実にくじけるAqours。けれど、まだ時間はある！　朝早く学校に集まった千歌たちの心は決まっていた。「起こそう、キセキを！」9人は浦の星存続のために輝くことを決意する！

Next Step

| 第2話 | 雨の音 |

■脚本：花田十輝　■絵コンテ・演出：遠藤広隆
■総作画監督：佐野恵一、平山円、藤井智之、室田雄平　■作画監督：古川英樹

説明会と地区予備予選用の曲、2つの新曲を用意することになったAqoursは、2チームに分かれて曲作りに励むことに。だが「ラブライブ！」用の曲を担当することになった1・3年生は、楽曲のコンセプトをめぐり意見が対立してしまう。噛み合わないまま雨宿りに身を寄せた無人の寺で、雨漏りの音に耳を澄ませるうち、6人は気づく。雨音が調和してメロディーを奏でるように、個性をぶつけ合って曲を作ればいいと！

The Sound of Rain

| 第3話 | 虹 |

■脚本：花田十輝　■絵コンテ：酒井和男　■演出：外山草
■ライブパート演出：八木郁乃
■総作画監督：佐野恵一、平山円、藤井智之、室田雄平
■作画監督：江上夏樹、塩川貴史、鈴木理彩、水野辰哉
■ライブパート作画監督：後藤望、永富浩司

悪天候の影響で学校説明会が延期となり、「ラブライブ！」予備予選の開催日と重なってしまうことが判明！　悩む千歌は、みかんの収穫作業を眺めるうち、とある策を思いつく。それはAqoursメンバー全員が「ラブライブ！」のステージで歌ったあと、エンジントロッコでみかん畑を横断し、学校に戻るという起死回生の奇策だった！　努力の甲斐あってキセキを起こすことができた9人は、みごとピンチを乗り越える！

挿入歌「MY舞☆TONIGHT」
■作詞：畑亜貴　■作曲・編曲：EFFY
■歌：Aqours……高海千歌(CV：伊波杏樹)、桜内梨子(CV：逢田梨香子)、松浦果南(CV：諏訪ななか)、黒澤ダイヤ(CV：小宮有紗)、渡辺曜(CV：斉藤朱夏)、津島善子(CV：小林愛香)、国木田花丸(CV：高槻かなこ)、小原鞠莉(CV：鈴木愛奈)、黒澤ルビィ(CV：降幡愛)

「君のこころは輝いてるかい？」
■作詞：畑亜貴　■作曲：光増ハジメ　■編曲：EFFY
■歌：Aqours……高海千歌(CV：伊波杏樹)、桜内梨子(CV：逢田梨香子)、松浦果南(CV：諏訪ななか)、黒澤ダイヤ(CV：小宮有紗)、渡辺曜(CV：斉藤朱夏)、津島善子(CV：小林愛香)、国木田花丸(CV：高槻かなこ)、小原鞠莉(CV：鈴木愛奈)、黒澤ルビィ(CV：降幡愛)

Rainbow

| 第4話 | ダイヤさんと呼ばないで |

■脚本：花田十輝　■絵コンテ：川南なぎさ　■演出：南川達馬
■総作画監督：佐野恵一、平山円、藤井智之、室田雄平　■作画監督：しんぼたくろう

予備予選をトップで通過したAqoursに、深刻な資金不足が発生！　活動費を貯めるため、9人はアルバイトに励むことに。そんな中、ダイヤはいつの間にか果南と鞠莉が下級生と仲よくなっていることに気づく。水族館のアルバイトを通じて親しみやすさをアピールするダイヤだが、根が生真面目なせいでうまくいかない。だが千歌たちは、ダイヤのそんなところに助けられているのだと、感謝の気持ちを伝えるのだった。

Don't Be So Formal with Me

127

### 第5話 犬を拾う。

■脚本：花田十輝　■絵コンテ：誌村宏明　■演出：志賀翔子、綿田慎也、遠藤広隆
■総作画監督：佐野恵一、平山円、藤井智之、室田雄平　■作画監督補佐：佐野聡彦、犬塚政彦　■作画監督：斉藤香　■犬作画監督：西田亜沙子

挿入歌「CRASH MIND」
■作詞：畑亜貴　■作曲・編曲：宮崎誠
■歌：Saint Snow……鹿角聖良(CV：田野アサミ)、鹿角理亞(CV：佐藤日向)

地区予選が迫る嵐のある日。迷い犬を拾った善子は、神社の境内でこっそり世話を始める。偶然その秘密を知った梨子は、少しの間だけ犬を預かることに。無事飼い主が見つかったあとも、犬との出会いを運命だと信じ諦めきれない善子は、犬に会うため梨子とともに沼津へ向かう。そこで善子に堕天使を名乗り始めた理由を打ち明けられた梨子は、自分が信じる限り、見えない力は働いているのだと、善子を励ますのだった。

*Taking in A Dog*

### 第6話 Aqours WAVE

■脚本：花田十輝　■絵コンテ：渡邊哲哉　■演出：綿田慎也
■ライブパート絵コンテ：酒井和男　■ライブパート演出：志賀翔子、八木郁乃　■総作画監督：佐野恵一、平山円、藤井智之、室田雄平　■作画監督：中本尚、吉川真一、渡邊敬介
■ライブパート作画監督：後藤望、永富浩司、水野辰哉

挿入歌「MIRACLE WAVE」
■作詞：畑亜貴　■作曲：酒井拓也(Arte Refact)　■編曲：脇眞富(Arte Refact)
■歌：Aqours……高海千歌(CV：伊波杏樹)、桜内梨子(CV：逢田梨香子)、松浦果南(CV：諏訪ななか)、黒澤ダイヤ(CV：小宮有紗)、渡辺曜(CV：斉藤朱夏)、津島善子(CV：小林愛香)、国木田花丸(CV：高槻かなこ)、小原鞠莉(CV：鈴木愛奈)、黒澤ルビィ(CV：降幡愛)

前回突破できなかった「ラブライブ！」地区予選が近づいていた。決勝進出者はネットと現地の投票で決まるため、応援に来る生徒数の少ない浦の星女学院は一番不利となる。ハンデを乗り越えるため、千歌は3年生がかつて挫折した高難易度の大技に挑むが、それは想像以上の難しさだった。いつも自分はふつうだと一歩引いていた千歌だったが、みんなの応援のもと、地区予選のステージでパフォーマンスを成功させる！

*Aqours WAVE*

### 第7話 残された時間

■脚本：花田十輝　■絵コンテ・演出：遠藤広隆
■総作画監督：佐野恵一、平山円、藤井智之、室田雄平
■総作画監督協力：堀井久美
■作画監督：神谷美也子、鈴木勇、古川英樹

挿入歌「空も心も晴れるから」
■作詞：畑亜貴　■作曲：原田篤(Arte Refact)　■編曲：脇眞富(Arte Refact)
■歌：Aqours……高海千歌(CV：伊波杏樹)、桜内梨子(CV：逢田梨香子)、松浦果南(CV：諏訪ななか)、黒澤ダイヤ(CV：小宮有紗)、渡辺曜(CV：斉藤朱夏)、津島善子(CV：小林愛香)、国木田花丸(CV：高槻かなこ)、小原鞠莉(CV：鈴木愛奈)、黒澤ルビィ(CV：降幡愛)

挿入歌「MIRACLE WAVE」
■作詞：畑亜貴　■作曲：酒井拓也(Arte Refact)　■編曲：脇眞富(Arte Refact)
■歌：Aqours……高海千歌(CV：伊波杏樹)、桜内梨子(CV：逢田梨香子)、松浦果南(CV：諏訪ななか)、黒澤ダイヤ(CV：小宮有紗)、渡辺曜(CV：斉藤朱夏)、津島善子(CV：小林愛香)、国木田花丸(CV：高槻かなこ)、小原鞠莉(CV：鈴木愛奈)、黒澤ルビィ(CV：降幡愛)

みごと「ラブライブ！」決勝進出を決めたAqours。だが最高のパフォーマンスにも関わらず、入学希望者が100人に満たないまま、無情にも募集終了の時間を迎えてしまう。学校を救えなかったというショックに打ちのめされるAqours。だが、優勝して浦の星女学院スクールアイドルAqoursの名前を「ラブライブ！」の歴史に刻んでほしい！　全校生徒からの熱い想いを受けた千歌は、決勝のステージで輝くことを誓う‼

*The Time Left*

### 第8話 HAKODATE

■脚本：花田十輝　■絵コンテ：渡邊哲哉　■演出：粟井重紀
■総作画監督：佐野恵一、平山円、藤井智之、室田雄平　■総作画監督協力：凌空凛
■作画監督：尾尻進矢、しんぽたくろう

挿入歌「DROPOUT!?」
■作詞：畑亜貴　■作曲・編曲：馬渕直純
■歌：Saint Snow……鹿角聖良(CV：田野アサミ)、鹿角理亞(CV：佐藤日向)

冬休み、Aqoursは北海道で開催される地区大会にゲストとして招待される。だがそのステージで、Aqoursのよきライバルであるsaint Snowが本戦進出を逃してしまう！　3年生である姉の聖良は今回がラストステージ。1年生の妹・理亞に望みを託すが、理亞は地区大会での失敗を引きずり、スクールアイドル引退を決意する。同じ妹という立場であるルビィは不器用な理亞の気持ちを察し、理亞にとある提案をする。

*HAKODATE*

### 第9話 Awaken the power

■脚本：花田十輝　■絵コンテ：酒井和男　■演出：久城りおん、外山草、三宅和男
■ライブパート演出：酒井和男、八木郁乃　■総作画監督：佐野恵一、平山円、藤井智之、室田雄平　■作画監督：市原圭子、江上夏樹、尾尻進矢、塩川貴史、重原克也、水野辰哉、宮崎輝、山内尚樹　■ライブパート作画監督：市原圭子、後藤望、鈴木勘太、永富浩司

挿入歌「Awaken the power」
■作詞：畑亜貴　■作曲・編曲：河田貴央
■歌：Saint Aqours Snow……鹿角聖良(CV：田野アサミ)、鹿角理亞(CV：佐藤日向)、高海千歌(CV：伊波杏樹)、桜内梨子(CV：逢田梨香子)、松浦果南(CV：諏訪ななか)、黒澤ダイヤ(CV：小宮有紗)、渡辺曜(CV：斉藤朱夏)、津島善子(CV：小林愛香)、国木田花丸(CV：高槻かなこ)、小原鞠莉(CV：鈴木愛奈)、黒澤ルビィ(CV：降幡愛)

姉たちが安心して卒業できるよう、2人でライブを企画して成功させたい！　ルビィと理亞は計画を打ち明けた善子と花丸とともに、1年生の力だけで曲を作り、ライブの準備を進める。そして完成したのが「Awaken the power」。内に芽生えた新しい力を歌ったもの。この曲を2人から函館のクリスマスイブのライブで贈られたダイヤと聖良は、妹たちの成長に涙するのだった……。

*Awaken the power*

EPISODE DATABASE

第10話　シャイニーを探して

■脚本：花田十輝　■絵コンテ：誌村宏明　■演出：居村健治、志賀翔子
■総作画監督：佐野恵一、平山円、藤井智之、室田雄平　■総作画監督協力：堀井久美
■作画監督：井元一彰、酒井香澄、志賀道憲、山内尚樹、山中正博

「ラブライブ！」で優勝して、Aqoursの名前を刻みたい……。その一心で、北海道から駆けつけた聖良と理亞とともにお正月から特訓に打ち込むAqours。そんな中、3年生の卒業後の進路が明らかになったことで、千歌たちは楽しい時間があと3カ月もないことを痛感。卒業後はバラバラになってしまう3年生の3人は、子供のころ見ることができなかった流れ星を探しに、今度は9人で鞠莉が運転する車に乗って走り出す！

Finding a Way to Shine

第11話　浦の星女学院

■脚本：花田十輝　■絵コンテ：渡邊哲哉　■演出：三宅和男
■総作画監督：佐野恵一、平山円、藤井智之、室田雄平　■総作画監督協力：堀井久美
■作画監督：神谷美也子、中本尚、吉川真一、渡邊敬介

3学期、全校生徒の要望で、浦の星女学院閉校祭が開催されることに！　学校で過ごした日々に思いをはせながら準備を進める千歌たちは、思わぬトラブルに翻弄されながら閉校祭当日を迎える。ずっと続けばいいと願った楽しい時間も終わり。閉校宣言で鞠莉は、理事長として学校を救えなかったと自分の力不足を全校生徒にわびる。それに応えたのは、これまで浦の星を盛り上げてくれたAqoursへの感謝のコールだった。

Uranohoshi Girls' High School

第12話　光の海

■脚本：花田十輝　■絵コンテ：遠藤広隆　■演出：遠藤広隆、久城りおん
■ライブパート絵コンテ：酒井和男　■ライブパート演出：安藤尚也
■総作画監督：佐野恵一、平山円、藤井智之、室田雄平　■総作画監督協力：堀井久美
■作画監督：しんぼたくろう、鈴木勇、古川英樹　■ライブパート作画監督：市原圭子、神谷美也子、後藤望、鈴木勘太、水野辰哉

挿入歌「WATER BLUE NEW WORLD」
■作詞：畑亜貴　■作曲・編曲：佐伯高志
■ストリングスアレンジ：倉内達矢
■歌：Aqours……高海千歌(CV：伊波杏樹)、桜内梨子(CV：逢田梨香子)、松浦果南(CV：諏訪ななか)、黒澤ダイヤ(CV：小宮有紗)、渡辺曜(CV：斉藤朱夏)、津島善子(CV：小林愛香)、国木田花丸(CV：高槻かなこ)、小原鞠莉(CV：鈴木愛奈)、黒澤ルビィ(CV：降幡愛)

「ラブライブ！」決勝が明日に迫り、東京に向かうAqours。神田明神に2度目の参詣に訪れた9人は、絵馬に刻まれた他のスクールアイドルたちの情熱に圧倒される。本番当日、始まりの地・アキバにやってきた千歌は「本当に勝ちたい？」と自分に問う。輝きたいと願ったふつうの自分。だからこそ、ここまで来られた。千歌の心に迷いはなかった。応援に駆けつけた人々が見守る中、Aqoursのファイナルステージの幕が開く！

Sea of Light

第13話　私たちの輝き

■脚本：花田十輝　■絵コンテ：酒井和男　■演出：居村健治、酒井和男
■ライブパート演出：酒井和男
■総作画監督：酒井香澄、佐野恵一、平山円、藤井智之、室田雄平　■総作画監督協力：堀井久美　■作画監督：井元一彰、尾尻進矢、江上夏樹、塩川貴史、水野辰哉、宮崎輝一、山内尚樹、山中正博、吉川真一、渡邊敬介　■ライブパート作画監督：市原圭子、後藤望、永富浩司、水野辰哉

挿入歌「WONDERFUL STORIES」
■作詞：畑亜貴　■作曲：Carlos K.　■編曲：EFFY
■歌：Aqours……高海千歌(CV：伊波杏樹)、桜内梨子(CV：逢田梨香子)、松浦果南(CV：諏訪ななか)、黒澤ダイヤ(CV：小宮有紗)、渡辺曜(CV：斉藤朱夏)、津島善子(CV：小林愛香)、国木田花丸(CV：高槻かなこ)、小原鞠莉(CV：鈴木愛奈)、黒澤ルビィ(CV：降幡愛)

浦の星女学院の卒業・閉校祭当日。校内の思い出の場所を訪れた千歌たちは、笑顔で浦の星に別れを告げる。理事長である鞠莉からの卒業証書授与が終わり、生徒会長のダイヤの閉校宣言で、浦の星の歴史に幕が下ろされた。だが、思い出は残り続ける！　Aqoursは「ラブライブ！」本大会でみごと優勝をはたしたのだ。そして千歌は気づく。Aqoursとして諦めず走り続けた、浦の星での日々こそが"輝き"だったのだと!!

Our Own Shine

## ラブライブ！サンシャイン!!
## TVアニメオフィシャルBOOK2

2018年6月30日　初版発行

| 編集 | 電撃G'sマガジン編集部 |
|---|---|
| 協力 | 2017 プロジェクトラブライブ！サンシャイン!!<br>サンライズ　バンダイナムコアーツ　ブシロード |
| 構成・制作 | 坂田祥子 |
| 執筆 | 勝田周　玉置優子　宮森里絵　小柴暁彦　寺尾僚祐　佐藤桃子　坂田祥子 |
| 編集補助 | 早川岳 |
| デザイナー | BEE-PEE　鈴木册　関口小綾香　荒木靖貴 |
| カメラマン | 山口勝己 |
| ヘアメイク | 清水有希子（AICON）　小野寺里紗（AICON）　武田サオリ（AICON）　檜山香中里　小池めぐみ |
| スタイリスト | 清松恵　川田めぐみ　佐々木理絵 |
| カバーデザイン | BEE-PEE（永田敏之） |
| カバーイラスト | 作画：佐野恵一　仕上：横山さよ子　背景：澤谷真理（スタジオ・イースター）　特効：山川明子 |

- ■発行者　青柳昌行
- ■発行　株式会社KADOKAWA
　　　　〒102-8177　東京都千代田区富士見2-13-3
　　　　0570-06-4008（ナビダイヤル）
- ■印刷・製本　共同印刷株式会社
- ■DTP制作　株式会社東海創芸

●本書の無断複製（コピー、スキャン、デジタル化等）並びに無断複製物の譲渡および配信は、著作権法上での例外を除き禁じられています。
また、本書を代行業者などの第三者に依頼して複製する行為は、たとえ個人や家庭内での利用であっても一切認められておりません。

カスタマーサポート（アスキー・メディアワークス ブランド）
[電話］0570-06-4008（土日祝日を除く11時～13時、14時～17時）
[ＷＥＢ］https://www.kadokawa.co.jp/　（「お問い合わせ」へお進みください）
※製造不良品につきましては上記窓口にて承ります。
※記述・収録内容を超えるご質問にはお答えできない場合があります。
※サポートは日本国内に限らせていただきます。

●定価はカバーに表示してあります。

Printed in Japan
ISBN978-4-04-893859-4　C0076
©2017 プロジェクトラブライブ！サンシャイン!!